自尊的重建：从我不配到我值得

ISBN: 9787115613943

This is an authorized translation from the SIMPLIFIED CHINESE language edition entitled
《自尊的重建：从我不配到我值得》published by Posts & Telecom Press Co., Ltd.,
through Beijing United Glory Culture & Media Co., Ltd., arrangement with EntersKorea Co.,Ltd.

나는 충분히 괜찮은 존재입니다

나는 충분히 괜찮은 존재입니다

펴낸날 2024년 3월 25일 1판 1쇄

지은이 취샤오리
옮긴이 이지연
펴낸이 김영선
편집주간 이교숙
교정교열 정아영, 나지원, 이라야
경영지원 최은정
디자인 바이텍스트
마케팅 신용천

발행처 ㈜다빈치하우스-미디어숲
출판브랜드 더페이지
주소 경기도 고양시 덕양구 청초로 66 덕은리버워크지산 B동 2007호~2009호
전화 (02) 323-7234
팩스 (02) 323-0253
홈페이지 www.mfbook.co.kr
출판등록번호 제 2-2767호
값 17,800원
ISBN 979-11-986324-2-5 (03180)

㈜다빈치하우스와 함께 새로운 문화를 선도할 참신한 원고를 기다립니다.
이메일 dhhard@naver.com (원고 투고)

나를 사랑하게 되는
3단계 자존감 회복 수업

취샤오리 지음
이지연 옮김

나는 충분히 괜찮은 존재입니다

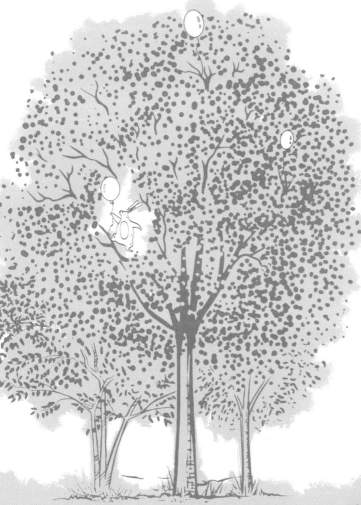

더페이지

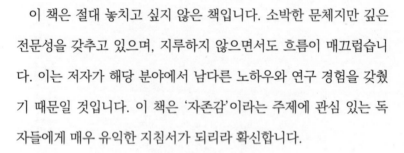

이 책은 절대 놓치고 싶지 않은 책입니다. 소박한 문체지만 깊은 전문성을 갖추고 있으며, 지루하지 않으면서도 흐름이 매끄럽습니다. 이는 저자가 해당 분야에서 남다른 노하우와 연구 경험을 갖췄기 때문일 것입니다. 이 책은 '자존감'이라는 주제에 관심 있는 독자들에게 매우 유익한 지침서가 되리라 확신합니다.

_왕화이치, 정신분석사, 응용 심리학 박사

저자는 간결하고 가독성 높은 문장, 다양한 접근법 및 생동감 있는 사례와 비유를 활용해 파편화된 자존감 조각들을 완벽하게 연결했습니다. 또한 자존감의 진정한 의미뿐만 아니라 자존감 문제가 왜 발생하는지, 이를 어떻게 치유할 수 있는지를 알려줍니다. 자존감을 재구축하는 과정에서 숱한 어려움에 부딪힐 수도 있지만, 이를 견뎌낸 사람은 자존감의 참된 가치를 깊이 깨닫게 될 것입니다. 이 책을 통해 여러분이 자신의 '기본 코드'를 파악하고 거기에 '새로운 코드'를 부합시켜 인생의 진정한 주인공이 되기를 바랍니다.

_쏭좐하오, 화이트 정신분석학원 정신분석가

우리의 인생은 자존감을 구축하는 동적인 과정이며, 그 과정에서 자존감이 끊임없이 깨지고 다시 만들어지기를 반복합니다. 저자는 모든 사람은 자존감을 '재구축'할 수 있는 잠재력을 가지고 있음을 강조하며, 낮은 자존감을 초래하는 이유를 다양한 각도에서 분석합니다. 또한 저자는 10년 이상의 상담 경험을 바탕으로 자존감을 회복하는 구체적인 방법을 제시합니다. 도덕경에 '남을 아는 것이 지혜라면, 자신을 아는 것은 밝음이다. 남을 이기는 것은 힘이 있다 함이요, 자신을 이기는 것은 강함이다知人者智, 自知者明. 勝人者有力, 自勝者強' 라는 말이 있습니다. 이 책을 통해 여러분이 자신을 더 깊이 알고 다스리는 방법을 찾길 바랍니다.

_옌윈화, 화동사범대학교 심리인지과학 학부 부교수, 중국 심리학회 임상심리학 감독관

여러분은 이 책을 읽으면서 자존감 뒤에 감춰진 자아 인지, 자아 정체성, 자아 수용 및 자아 성장의 진정한 의미를 찾게 될 것입니

다. 묵직하게 자신을 누르고 있던 낮은 자존감을 떨쳐버리고 자존감에 '개방, 수용, 집중'이라는 세 개의 날개를 달아 진정한 나, 아름다운 나를 만나보세요!

_롼신싱, 중국광업대학 교수, 베스트셀러 『如何擁抱一隻刺蝟』의 저자

만약 평소에 열등감이나 예민함, 무력감을 자주 느끼거나, 자신에 대한 타인의 평가를 항상 신경 쓴다면, 당신의 자존감에 문제가 있을 가능성이 높습니다. 여러분의 행복은 '자존감'과 직결된다는 것을 잊지 마십시오. 자존감 모델을 여러 차원에서 분석한 이 책은 여러분이 자기 내면을 깊이 탐색하고 다른 사람과 충분한 사랑을 주고받을 수 있도록 도와줄 것입니다.

_황치환, 응용 심리학 지도자, 작가

혹시 여러분은 자기 자신이 불만족스럽거나 타인의 부정적인 피드백에 쉽게 분노하곤 하나요? 열심히 노력했지만, 여전히 내적 안정감을 느낄 수 없나요? 그렇다면 이 책을 펼쳐보세요. 당신이 긍정적인 자아를 만나고, 진정으로 자신을 사랑하는 법을 배울 수 있도록 안내해 줄 것입니다.

_판싱즈, 싱즈온라인여성심리성장플랫폼 창립자

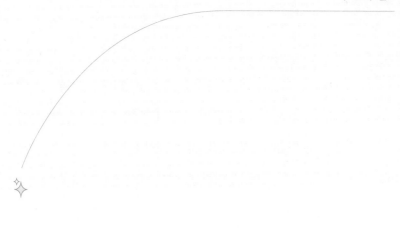

당신은 '자존감'을 갖고 태어났습니다

"자기 자신을 사랑하나요?"

"자신의 존재가 충분히 훌륭하다고 생각하나요?"

"칭찬이나 성공을 편안한 마음으로 받아들일 수 있나요?"

"시선이나 평가에 의존하지 않고 살아갈 수 있나요?"

만약 위의 네 가지 질문에 모두 '그렇다'라고 대답했다면, 아마도 이 책은 당신에게 필독서가 아닐지도 모릅니다. 그러나 지난 14년 간의 심리 상담 경험과 개인적인 인생 경험으로 미루어 보았을 때, 이 책이 필요한 사람은 그렇지 않은 사람보다 훨씬 많으리라 생각합니다.

『나는 충분히 괜찮은 존재입니다』라는 이 책의 제목은 참 흥미롭습니다. 우리는 모두 자존감을 가지고 태어났습니다. 심리학 발달 분석의 관점에서 보면, 자존감은 한 사람의 '초기 경험'에 기인합니다. 주변에 있는 영유아들을 주의 깊게 관찰해 보면, 모든 아이가 하나같이 '자신을 자랑스럽게 여기는' 능력을 갖추고 있음을 알 수 있습니다. 예를 들어, 생후 2~3개월 된 아기들이 아침에 잠에서 깨면 옹알거리며 얼굴에 미소를 띱니다. 마치 '내가 이 세상에 존재한다'는 그 사실 자체에 깊은 만족감을 느끼는 것처럼 말입니다. 아직 돌이 안 된 아기들에게는 뒤집기, 기어가기, 앉기, 서기, 걷기, 숟가락 잡기, 낯선 음식 맛보기 등의 모든 활동이 처음 경험하는 것들이지만, 아기들은 자신이 무슨 행동을 하든지 자신을 자랑스럽게 여깁니다. 생후 1년 정도가 되면 거울에 비친 자신을 보며 '저 모습이 나'라는 사실을 인식하기 시작합니다. 이때 아기들은 자신의 모습을 평가하기보다 누구보다 흥미롭게 감상합니다. 마치 유일무이한 예술작품을 마주한 것처럼 말이죠.

그렇다면 이 같은 영유아의 지극히 평범한 모습들이 성인의 세계에 그대로 'Ctrl+V' 된다면 어떻게 될까요? 그야말로 자존감이 하늘을 찌르는 어른이 되겠죠? 아침에 눈을 뜨면 '살아있음' 자체에 행복을 느끼며, 과거와 미래에 대한 후회나 걱정 없이 지금, 이 순간을 즐깁니다. 사소한 일에도 성취감을 느끼고 주변 사람들의 칭찬을 감사하게 받아들이며, 자신의 목표에 언제나 최선을 다합니다. 그리고 때로 실패나 어려움에 부딪혀도 다시 도전하는 것을 거부하지 않습니다. 자기 자신에 대해 자연스러운 호기심과 관심을 가지며, 자신의 특정 성향을 '고칠 점'이라고 생각하지 않습니다.

그런데 자존감이 낮은 사람들은 건강한 자존감을 가진 경험을 상상하는 것조차 어려워합니다. 그들에게 자존감은 마치 신선 세계에서나 나올 법한, 보이지도 만질 수도 없는 신비로운 존재일 뿐입니다. 그들은 오랫동안 가족이나 연인관계, 직장, 학교, 대인관계, 자기계발 등 일상생활 곳곳에서 여러 고충을 겪고 있어도, 그런 문제들을 자존감과 연관시켜 생각하지 않는 경우가 많습니다. 우울, 불안, 분노, 억울함처럼 비교적 익숙한 감정들에 비해 자존감은 심리학 입문 영역에서도 오랫동안 모호한 개념으로 남아 있습니다.

이 책의 1부에서 저자는 자존감과 자기애의 부족이 어떠한 상태인지 묘사합니다. 여러분도 그 속에서 '자신' 또는 '타인'의 모습을 발견하고, 그러한 내적 갈등을 구체화하여 정신적 성장을 위한 새 공간을 마련할 것이라 믿습니다. 저는 특히 겉으로는 자신감 넘쳐 보이지만 실제로는 낮은 자존감 문제에 시달리고 있는 사람들을 묘사하는 부분이 인상 깊었습니다. 마치 유럽 신화에 나오는 발이 없는 새 '마틀렛Martlet'처럼 쉬지 않고 날기만 해야 하는 운명을 가진 그들에게 휴식은 곧 죽음을 의미하는 듯했습니다.

그들은 다른 사람보다 더 멀리, 더 높이 올라가는 것 같지만, 이를 이끌어내는 내면의 동력은 열정이 아닌 '공포'였습니다. 높은 성과나 업적이 자존감이 낮은 그들에게 표면적인 영광을 가져다줄 수는 있지만, 그들의 마음속은 여전히 자신에 대한 불만족으로 가득 차 있습니다. 고된 노력을 통해 얻은 성과를 충분히 즐기지 못하기 때문에 주변의 박수 소리가 커질수록 내면의 두려움과 갈등은 더욱 커질 뿐이죠. 이처럼 겉으로 드러나지는 않지만 낮은 자존감 때문에 내면이 한없이 위축되어 있는 이들은 이 책을 통해 '따스한 관심'을 받는 느낌을 경험하게 될 것입니다.

2부에서는 자존감이 낮은 이유를 상세하게 다루고 있습니다. 저자는 오랜 심리 상담 경험을 바탕으로 다양한 문화적 배경에서의 심리학 및 정신분석 인격 발달 이론을 융합하여 '자존감 손상'에 대한 네 가지 관점을 도출했습니다. '유년기의 상처', '자아 정체성', '수치심', '완벽주의'입니다. 특히 '수치심'과 관련된 부분에서는 마치 나의 내면 어딘가에 한 줄기 빛이 비춰지는 듯한 느낌이 들었습니다. 실제로 사람의 정신적 성장 과정에서 '수치심'은 가장 은밀한 심리적 걸림돌 중 하나입니다. 이 '숨겨진 고통'이 제대로 치유되지 않으면, 무의식중에 한 사람의 모든 언어와 행동이 이에 조종당하고 맙니다. 저자는 실제 업무 현장에서의 상담 스타일대로 수치심에 대해 매우 깊이 있고 절제 있는 견해를 제시합니다.

전통적인 정신분석 이론은 '왜'를 이해하는 데 초점을 맞추는 반면, '어떻게'에 대한 내용은 많이 다루지 않습니다. 다행히 저자는 전통적 정신분석이론을 기반으로 하면서도 이에 얽매이지 않고 새로운 인사이트를 제시합니다. 특히 3부에서는 '자존감 회복'을 위한 구체적인 조언과 함께 누구나 부담 없이 할 수 있는 실행 연습방법을 제공합니다. '어떻게'라는 구체적인 방법은 여러분이 의식적인 인식과 연습을 통해 개인적인 성장을 이루는 데 도움이 될 뿐아니라, 자존감 문제를 가진 주변 사람들을 돕는 데에도 활용할 수 있습니다. 또한 부모, 교사, 사회복지사, 심리 상담사 등 누구나 이방법을 활용하여 많은 이들의 신체적, 정신적 건강을 지원할 수 있을 것입니다.

한 사람의 내적 세계를 큰 건물로 비유한다면, 자존감은 건물의 '토대'와 같습니다. 토대가 튼튼하지 않으면 건물을 높이 세울 수 없고, 무리하게 높이 세운다 해도 언제 무너질지 모르는 위태로운 상황에 처할 수 있습니다. 우리가 어린 시절로 돌아가 '마음의 토대'를 다시 지을 수는 없지만, 의식적인 인식을 통해 부서진 '마음의 토대'를 점차 고쳐나갈 수는 있습니다. 아마도 여러분은 이 책을 읽고 나서 다음과 같은 깨달음을 얻게 될 것입니다.

'인간이라는 존재는 다양한 자태를 뽐내는 나무와 같고, 자존감의 에너지가 차오를수록 뿌리가 땅에 더욱 깊고 단단하게 박힌다.'

저자는 저의 오랜 동료로서, 그녀의 존재는 저에게 한 그루의 듬직한 나무 같습니다. 그녀와 함께 있으면 무성한 나무 그늘 아래에서 휴식을 즐기는 듯한 편안함과 안정감이 느껴지기 때문입니다. 저자의 본업에 대한 열정과 헌신은 건강한 자존감이 가져오는 긍정적인 영향을 여실히 보여 줍니다. 건강한 자존감은 하루하루 성장하는 인생 여정 속에서 더 큰 행복과 자유로움을 가져다줄 것입니다.

낮은 자존감으로 인한 문제를 한 번도 겪어보지 않은 행운아들과 비교하면, 자존감을 다시 구축하는 것은 오히려 소중한 경험이 될 수 있습니다. '잃고 다시 얻는' 경험은 더 많은 성장과 깨달음을 가져올 것이라 확신합니다. 부디 많은 독자가 이 책을 통해 내면과 외면의 '뿌리 깊고 무성한 나무'로 뻗어나가기를 희망합니다.

옌이쟈, 심리상담사, 런던 대학교(UCL) 정신분석 심리치료 박사후보

마음의 갑옷
'자존감'을 입다

나로서 충분히
괜찮은 존재입니다!

✦

어느 사진전에서 유독 나의 시선을 사로잡는 작품이 하나 있었다. 「철인의 여정」이라는 작품명으로 끝이 보이지 않는 먼 곳을 향해 유유히 강물이 흐르고 있었고, 알록달록한 색색깔의 수영모를 쓴 선수들이 그 물길을 따라 헤엄쳐 가고 있었다. 그 모습은 마치 목표 지점을 가리킨 화살표 무리가 분주히 움직이고 있는 것 같았다.

그날 이후 나는 이따금 그 사진을 떠올리며 생각에 잠기곤 한다. 사람들은 수면 아래에서 무슨 일이 일어나고 있는지 알까? 목표 지점을 향해 달려가는 수면 위에서의 경쟁은 누구나 볼 수 있지만, 과연 수면 아래의 상황은 어떨까? 물속에서도 치열한 암투가 펼쳐지고 있을까? 선수들이 이름 없는 수초나 날카로운 돌에 긁혀 상처를 입지는 않을까? 한참 수영하다가 에너지가 다하면 어떤 느낌이

들까? 육체적 한계가 임박해도 포기하지 않고 계속 전진할 수 있을까? 다른 사람에게 추월당하는 순간 어떤 심정이 들까?

이처럼 '인생'이라는 강을 헤엄쳐 가고 있는 우리는 어떨까? 철인이 되기를 갈망하며 부단히 헤엄치는 사람은 얼마나 될까? 최종 우승을 위해서가 아니라 그저 물속으로 빠지지 않기 위해 필사적으로 발버둥 치는 사람은 또 얼마나 될까? 나는 그동안 자기 자신을 이렇게 평가하는 사람들을 많이 보았다.

"저는 제가 괜찮은 사람이라고 생각하지 않아요. 어떻게 해야 할까요?"

"저는 정말 형편없는 존재예요. 아마 제 상사도 저를 그렇게 생각하겠죠?"

"저는 결국 그 일을 망칠 게 분명해요. 사람들은 저를 잘 알지도 못하면서 왜 저에게 기대하는 거죠?"

"저는 절대 못 해요. 능력도 안 되면서 이걸 배우려고 했다니, 제가 미쳤었나 봐요."

하지만 아이러니컬하게도 현실은 그들이 생각하는 것처럼 비참하지 않다. 그들은 주변 사람들에게 꽤 좋은 평판을 받고 있거나 학업이나 업무적으로도 훌륭한 성과를 보이는 편이다. 설사 약간의 결점이 있더라도 그것은 '옥에 티가 옥의 광채를 가리지는 못한다'는 말처럼 신경 쓸 수준이 아니다. 그런데도 그들은 끊임없이 자기 자신을 비판하고 채찍질하며 날이 선 말투로 자신을 쏘아붙인다.

또한 그들은 내심 '사실 나는 내가 꽤 괜찮은 사람이라고 생각해'라는 식의 이중성을 갖고 있지도 않다. 정말로 자기 자신을 원망하고 미워하는 것이다.

때로는 의도적으로 자신을 벼랑 끝으로 내몰며 자기 계발에 과도하게 집착하기도 한다. 이는 스스로에 대한 목표나 기준치가 높은 것처럼 보이지만, 사실 그들은 자기 자신을 이상적인 목표를 향해 달리는 추종자로 여기지 않는다. 그저 추격하는 사람들을 피하기 위한 '도망자'라고 생각할 뿐이다. '더 나은 나'를 추구하는 것은 경기에 참여하는 선수들을 이끄는 동기 부여가 될 수 있다. 하지만 자존감이 낮은 사람은 이를 자신의 발에 묶여있는 쇠사슬로 여기며 끌려가듯이 경쟁에 합류한다. 다시 말해, 그들이 인생이라는 기나긴 강을 헤쳐나가며 전진하는 이유는 자신의 발목에 족쇄가 달려있기 때문인 것이다.

사람들은 물 위에 보이는 모습만 보고 그들이 승리를 향해 열심히 헤엄치고 있다고 생각한다(아마 그들 스스로도 그렇게 생각할지도 모른다). 그러나 물 아래에서 그들은 그저 물에 빠지지 않기 위해 발버둥 치면서 잠시 쉬는 것에도 극도의 불안감을 느끼고 있다. 이런 말들이 조금 극단적으로 들릴 수도 있지만, 이는 부정할 수 없는 사실이며 우리 주변에서도 이런 성향의 사람들을 심심치 않게 볼 수 있다. 그들이 쏟는 노력은 자기 강박적인 성격을 띠고 있기에 나는 그들을 '강박적 노력가'라고 칭하기로 했다.

강박적 노력가와는 달리, 현재의 행복을 즐기며 노력하는 사람들도 있다. 이들은 프레젠테이션 준비, 새로운 학습 프로젝트, 회사 승진 계획 등 어떤 것이든 남들의 부러움을 살 만큼 완벽한 계획을 구상한다. 그들 역시 자신의 모든 에너지와 집중력을 자기 성장과 자기 계발에 쏟기 때문에 겉으로 보기에는 강박적 노력가와 별다른 차이가 없어 보이기도 한다.

이들이 강박적 노력가와 다른 점은, 때로 불안감이 밀려와도 그 불안감에 오랫동안 빠져 있지 않다는 것이다. 이들은 상황이 좋지 않을수록 더 적극적으로 준비하고 연습하면서 향후 예상되는 어려운 상황을 시뮬레이션해 보기도 한다.

또 한 가지 중요한 차이점은 외부에서 도움과 지원을 요청하는 것을 부끄럽게 여기지 않는다는 것이다. 이들은 다양한 관계로 이어진 사람들과 자신의 목표나 과제, 희망 등을 솔직하게 공유하며 '인생 선배'로부터 기꺼이 조언을 구한다. 또한 곤경에 처했을 때는 잠시 내려놓고 휴식을 취하거나 충전한 후, 충분히 시작할 준비가 되었을 때 다시 도전한다. 최종 결과가 기대에 못 미쳐서 실망과 좌절을 느끼는 순간이 와도, 자신의 또 다른 장점을 찾아내고, 노력하는 과정에서 얻은 경험을 감사히 여기며 다음에는 더 잘할 수 있다고 스스로를 다독인다. 한마디로 말해, 이들은 자신을 '충분히 괜찮은 사람'이라고 생각하고 자신은 '더 나은 나'를 추구할 가치가 있다고 확신한다.

 반면 자기 자신을 늘 부족하다고 생각하는 강박적 노력가는 '더 나은 나'를 추구하는 여정에서 쉽게 지치곤 한다. 늘 강한 압박과 긴장에 시달리는 그들은 높은 수준의 불안을 다루기 위해 많은 에너지를 소비해야 하기 때문이다. 예를 들어, 강박적 노력가는 어떤 새로운 일을 앞두고 '모든 일은 시작이 제일 어렵지'라는 부정적인 생각부터 갖곤 한다. 그래서 본격적으로 일에 착수했을 때 좀처럼 집중하지 못하며, 겨우 몰입하기 시작했을 때는 그 감을 잃을까 봐 도중에 잠시 중단하는 것에 극도로 민감한 반응을 보인다. 결국, 일하는 내내 '모든 일은 과정이 어렵지'라든가, '모든 일은 제대로 끝내기가 어렵지'라는 등 또 다른 부정적인 생각에 빠진다. 그들에게는 준비부터 시작, 진행, 마무리(외부 평가를 받아야 하기 때문에)까지 모든 것이 마냥 어렵게만 느껴질 뿐이다. 그런데 만약 누군가 옆에서 "이 일은 정말 쉽지 않아."라고 말한다면 그들은 이렇게 대답할 수도 있다.

 "사실 그렇게 어려운 일은 아니야. 내가 경험이 많았거나 더 열심히 노력했다면 괜찮았겠지….'' 그들은 이 일이 어려운 것이 아니라, 자신의 능력이 부족하기 때문이라며 자기에게 화살을 돌리는 것이다.

영화 「포레스트 검프」는 많은 이들에게 감동과 여운을 남겼다. 주인공 포레스트는 남들보다 조금 떨어지는 지능을 가졌지만 포기하지 않는 끈기로 자신의 운명을 바꾼다. 다른 관점에서 볼 때, 그의 자존감은 평균 수준을 뛰어넘는다고 할 수 있다. 그는 이렇게 말했다.

"어머니는 어떤 일이든 언제나 저에게 명쾌하게 설명해 주세요. 그래서 제가 잘 이해할 수 있어요." 그렇다. 어머니는 언제나 아들에게 충분한 설명으로 이해를 시켰는데 이는 단순한 설명이 아닌 아들을 향한 깊은 사랑의 표현이었다. 이러한 양육 방식은 그를 풍요롭고 안정적인 내면을 갖게 만들었으며, 타인의 잣대로 자신의 가치를 평가하지 않고 오로지 자신의 감정에 집중하며 끈질기게 노력하게 만들었다.

어머니는 어린 포레스트에게 이렇게 말했다.

"엄마가 하는 말을 꼭 기억하렴. 포레스트, 너는 다른 사람들과 다를 게 없어. 알아들었니? 포레스트, 너는 다른 사람들과 똑같아! 아무런 차이가 없어."

포레스트는 특히 달리기에서 빛을 발했다. 그는 미식축구 선수를 추월했고, 전장의 총알과 비행기 폭격을 이겨냈으며, 정해진 운명까지 비껴갔다.

"저는 그냥 달리기가 좋아요. 어머니는 저에게 앞으로 나아가려면 과거를 잊어야 한다고 말했어요. 아마 이게 바로 달리기의 뜻일 거예요."

포레스트는 어머니의 사랑을 안고 세상을 향해 더 빠르고, 더 힘차게 달렸다. 그는 결코 어리석지 않았다. 오히려 자신의 마음을 잘 알지 못한 채 세상에 자신을 증명해 보이려고 애쓰는 사람들이야말로 안타깝고도 어리석은 사람이 아닐까.

자신이 충분히 괜찮은 사람이라고 느끼지 못한다면, 더 '나아지기' 위해 노력해야 할까? 아니면 자신의 부족함을 '받아들이려고' 노력해야 할까? 사실 이는 양자택일의 문제가 아니다. 자기 자신을 수용하고, 존중하며, 보호하는 마음을 토대로 삼으면, '더 나은 나'가 되기 위한 정신적 역량과 자원을 갖게 될 것이다.

앞으로 나아가고자 한다면, 먼저 과거를 받아들이자

나는 그동안 과도한 불안감 또는 지나치게 높거나 낮은 자존감으로 고통받는 사람들을 수없이 목격해왔다. 바깥세상에서 자신의 기준을 찾으며, 경쟁과 비교를 통해 자신감을 높이려고 하는 사람들에게 무엇보다 절실한 것은 '나는 충분히 괜찮은 존재다'라는 생각이다. 그렇지 않으면 약간의 부정적인 피드백이나 압박만으로도 그들의 자존감이 순식간에 무너질 수 있다. 그들의 자존감은 한없이 위태롭기에, 예고 없이 밀려오는 파도에 그간의 모든 노력이 물거

품처럼 허무하게 사라질 수 있다.

여기까지 읽고 당신은 지난 오랜 세월 동안 자신을 가치 있는 존재로 인정하지 못했고 줄곧 고통스러운 노력을 해왔음을 벌써 깨달았을 수도 있다. 지금까지 자신이 좋은 사람이고 사랑받을 만한 존재임을 증명하려고 그저 안간힘을 써왔던 것이다. 아무리 최선을 다해도 그 결과가 좋든 나쁘든 당신의 내면의 '비판자'가 항상 자신을 날카롭게 비난하며 작은 결점도 그냥 지나치지 않는다. 마치 내면에서 열리는 '자존감 평가 회의'에서 언제나 '비판자'가 절대적 우위를 점하는 듯하다. 이 비판자는 당신에게 "아직도 한참 부족해! 더 분발해!"라고 질책하며 빨리 다음 목표를 세우라고 재촉한다.

그렇다면 자존감이라는 토대 위에 안정적이고 건강한 자존감을 세울 수 있는 방법은 무엇일까? 나는 현장 경험과 개인적인 경험을 반추하여 이 책을 세 부분으로 나누었다.

첫 번째 부분에서는 자존감과 자기애의 진정한 의미를 살펴보았다. 자기 자신을 사랑하는 것은 '더 나은 나'가 되는 데 필수적인 요소이다. 있는 그대로의 자신을 받아들이지 못하고 소중히 여기지 않으면, '내부 세계'에서 행복과 동기를 찾을 수 없기 때문에 '외부 세계'에서 그 해답을 찾으려고 애쓴다. 그러다 보면 자신이 어떤 일을 완벽하게 해내기만 하면 자존감이 높아지고, 더 나은 나를 만들

수 있을 거라는 착각에 빠지게 된다. 하지만 이는 더 깊은 심리적 결핍을 가져올 뿐이다.

두 번째 부분에서는 사람들이 자신감을 갖지 못하는 이유를 다루었다. 유년 시절의 경험, 자아 정체성, 수치심, 이상적 자아(완벽주의) 등 한 사람의 성장 과정에서 낮은 자존감을 유발하는 요인들이 내적 자존감과 어떻게 상호작용하며 연결되는지 다양한 사례(이 책에 수록된 모든 사례와 이야기는 필자의 직무 경험과 개인적 경험을 각색한 것으로, 실제 내담자의 개인 정보와는 무관하다)를 통해 살펴보았다.

세 번째 부분에서는 자존감을 다시 구축하는 방법에 대해 다루었다. 어떻게 하면 자존감에 불을 붙여 보다 개방적·수용적·집중적으로 자존감을 회복할 수 있을지, 그리고 어떻게 하면 자신을 사랑하고 신뢰하며 편중된 추구에 빠지지 않고 더욱 완전한 존재로 성장할 수 있을지에 대해 심도 있게 살펴보았다.

나는 자존감이야말로 마음의 갑옷이라고 생각한다. 이 갑옷은 안정적이고 건강한 자존감을 지탱해 주며, 어떤 어려움에 부딪혀도 다시 일어날 수 있는 힘을 실어준다. 또한 안전한 보호막이 되어 더욱 행복하고 용기 있게 더 나은 나를 추구할 수 있도록 도와준다.

이를 통해 '나'라는 존재는 완전하고 아름다운 존재이며, 사랑과 존중을 받기 위해 태어난 사람임을 확신하게 될 것이다.

만약 아래의 질문에 50% 이상 '그렇다'라고 대답했다면, 아마도 당신은 일상생활에서 '나는 보잘것없는 존재다'라는 감정을 크거나

<나의 자존감 체크 리스트>

본문을 읽기 전에 아래의 질문에 답해 보자. 총 8가지 질문은 당신의 자아 가치감과 자존감을 대략적으로 평가하는 데 도움이 될 것이다.

1. 나의 장점과 약점을 10가지 정도 나열하라고 하면, 약점을 떠올리는 속도가 훨씬 빠른가?
2. 학업이나 업무를 포함한 일상생활에서 자신에게 비현실적인 기대나 목표를 갖는 편인가?
3. 자신을 완벽주의자라고 생각하는가?
4. 머리를 많이 써야 하는 일을 시작할 때, 실수가 두려워서 머릿속이 하얘지거나 방향을 잃은 것 같은 느낌이 들곤 하는가?
5. 자기 외모에 지나치게 신경을 쓰는 편인가? 또는 스타일이 자주 바뀌어서 주변 사람들이 놀라곤 하는가?
6. 자기 자신을 다른 사람과 자주 비교하며, 자신이 늘 남들보다 뒤처진다고 생각하는 편인가?
7. 마음속에서 항상 자신을 평가하고 비판하며 내 행동에 만족을 느끼지 못하는가?
8. 자신이 다른 사람의 사랑과 관심을 받을 만한 가치가 있는 존재라고 확신하지 못하는가?

작게 느끼고 있을 것이다. 특히 자신의 역량을 한 단계 업그레이드할 수 있는 도전적인 일을 수행할 때, 이러한 감정은 더욱 증폭되어 일의 진행을 방해할 수도 있다.

이 책을 다 읽고 나면 여러분은 어느새 자신을 깊이 이해하고 있는 모습을 발견할 것이다. 그리고 그동안 자기 자신을 괴롭혔던 문제들을 명확하게 파악하고 그 속에서 해결책을 찾아 자신을 적극적으로 지원하고 도울 것이라 믿는다.

저자 취샤오리

환상과 현실을 제대로 구분하면
자기 자신을 돌보는 길이 열린다.
나를 위한 새로운 코드를 입력하고,
나 자신의 양육자가 되어 자신을 돌보며,
내면의 어린 나를 사랑하는
진정한 어른이 되는 것이다.

-본문 중에서

차례

제1부 '더 나은 나'를 위한 필수조건, 나를 사랑하라

나는 늘 '더 나은 나'를 꿈꾼다

나를 사랑하는 노력이 결코 헛되지 않게

제2부

당신의 자존감이
낮은 이유

유년의 단단한 경험이 성장을 위한
발판이 된다

나와 세상 사이에 징검다리가 되는 것들

참을 수 없는 고통, 수치심이 나를 지배할 때

완벽주의는 걸림돌인가, 디딤돌인가

 **제3부**

자존감
바로 세우기

실패가 남긴 소중한 흔적들

자신을 '과감하게' 사랑하라

가족이 남긴 상처 치유하기

완벽하지 않아도 돼

'더 나은 나'를 위한
필수조건,
나를 사랑하라

"나 자신을 믿으세요!"

각종 자기계발서나 TV 프로그램, 슈퍼히어로물, 고전 신화 등 다양한 매체를 통해 흔하게 듣는 말이다. 그들은 자신을 믿기만 하면 어떤 일이든 해낼 수 있다고 하지만 우리는 그 말이 사실이 아님을 안다. 단지 믿음만으로 내가 원하는 모든 일을 이룰 수는 없기 때문이다. 그게 사실이라면 지금쯤 세상에는 수많은 아이가 하늘을 날아다니고 있지 않을까.

다만 한 가지 확실한 사실은 자기 자신을 신뢰하고 인정하는 것, 그리고 적절한 '자존감'은 자아실현과 건강한 대인관계, 행복한 삶의 핵심이라는 것이다. 이것이 기반이 되어야 자신의 능력과 실행력을 믿고 긍정적인 마음으로 '더 나은 나'를 위해 노력하며 깊은 성취감을 얻을 수 있다.

나는 늘
'더 나은 나'를 꿈꾼다

모든 사람은 '추구' 본능을 갖고 있다

'더 나은 나'를 추구하는 행위에는 이상적인 자아 이미지에 대한 열망뿐만 아니라 성장과 발전을 갈망하는 인간의 본성이 내포되어 있다. 현 상황에 대한 불만족이 더 나은 상황으로 개선하고자 하는 욕구를 자극하는 것이다. 이러한 욕구는 인간의 생존과 번성, 발전의 원동력이라고 할 수 있다.

이런 의미에서 많은 사람이 '더 나은 나'가 되기를 갈망한다. 새로운 직업을 찾거나 의미 있는 인간관계를 맺거나 부단히 자기계발을 하는 등 '더 나은 나'가 되기 위해 끊임없이 노력한다. 신경과학 연구에 따르면, 사람들은 원하는 목표를 달성했을 때보다 더 나은 것, 더 많은 것을 '추구하는 행동' 자체에서 더 큰 만족감을 느낀다고 한다. 신경과학자 자크 판크세프Jaak Panksepp는 이렇게 강조했다.

> "인간의 일곱 가지 주요 본능인 격노/분노(rage/anger), 공포(fear), 공황/슬픔(panic/sadness), 보살핌(care), 욕망(lust), 놀기(play), 추구(seeking) 중에서 가장 중요한 본능은 '추구'이다. 모든 포유류가 추구 본능을 갖고 있으며, 이는 도파민(dopamine)이 작용한 결과이다."

보상 체계나 즐거움을 담당하는 신경전달물질로 잘 알려진 도파민은 인간의 추구 행위에 적극적으로 개입한다. 이는 우리가 주변 환경을 탐색하고 새로운 생존 정보를 찾는 과정에서 즐거움이나 만족감 같은 보상을 받는다는 것을 의미한다. 판크세프는 저서 『정서 신경과학Affective Neuroscience』에서 인간은 어떤 특정 '보상' 때문에 이끌리는 것이 아니라, '추구 행위' 자체에 자극을 받는다고 강조했다.

또한 그는 큰 상을 받거나 사업에 성공하는 등 사람들이 추구하는 '목표 자체가 가져오는 행복감'은 실제로 오래 지속되지 않는다고 말했다. 오히려 이러한 목표를 추구하는 '과정'에서 쏟는 노력이 더 장기적인 만족감을 제공한다는 것이다. 이는 단순한 생존을 위함이든 만족스러운 삶을 살기 위함이든, 인간은 태어날 때부터 '더 나은 나'를 추구하고 갈망한다는 것을 의미하기도 한다. 아마도 이러한 추구 행위 자체가 우리 인생의 가장 중요한 목표가 아닐까 싶다.

'자기만족'은 더 나은 나를 만드는 길

어떤 사람들은 더 나은 나를 추구하는 '과정' 자체를 즐기고 그 속에서 행복감을 느낀다. 앞서 언급한 것처럼, 그들은 노력하는 과정에서 오랫동안 지속되는 만족감을 느낄 뿐만 아니라 만족감이 가져오는 자아 성취감이 그들에게 새로운 동력으로 작용하기도 한다. 그래서 때로 곤경이나 실패에 부딪혀도 침착하게 대응하고 위기 속에서 오히려 강하게 단련된다.

반면 어떤 사람들은 자아실현을 향한 길을 그저 험난하고 힘든 여정으로 느낀다. 그들은 '더 나은 나'를 추구하는 과정에서 사뭇 다른 양상을 보인다. 마치 '더 나은 나'를 추구하는 목적이 '부족한 나', 심지어는 '형편없는 존재', '부끄러운 존재'라는 딱지를 떨쳐내기 위한 것처럼 보인다. 그들은 이를 꽉 깨물고 필사적으로 노력하며 목표 달성만이 자신의 가치를 증명할 수 있는 유일한 방법이라고 믿는다. 그러다 일을 완벽하게 해내지 못하는 등 목표에서 조금만 벗어나도 자존감이 순식간에 바닥으로 곤두박질치고 만다.

자기 자신에게 깊은 불만족을 느끼는 것은 자기 자신을 개선하는

데 방해가 된다. 이는 현재의 진정한 나와 연결되지 못한다는 의미이기 때문이다. 그러면 자신을 수용하고 신뢰하는 경험 속에서 쌓이는 성장에 대한 열망과 정서적 에너지를 얻지 못하게 된다.

예를 들어, 상사가 당신에게 어떤 중요한 업무를 맡겼다고 가정해 보자. 이를 큰 기회라고 생각한 당신은 그 업무를 완벽하게 해내서 상사에게 자신의 능력을 증명해 보이고 싶을 것이다. 그런데 한편으로는 자신이 업무를 잘 처리하지 못하거나 심지어 망쳐버릴 수도 있다는 심한 두려움에 휩싸일 수도 있다. 그러면 자기 의심이라는 '내적 소모'의 굴레에 빠져 업무에 좀처럼 집중하지 못하고 업무 진척도 지지부진해질 수 있다. 심지어 일을 진행할 때마다 마음 속 어딘가에서 들려오는 '이건 너무 형편없어!'라는 비난의 목소리 때문에 하던 일을 수차례 뒤엎으며 다시 원점으로 돌아가는 상황을 반복하게 된다. 결국 지칠 대로 지친 당신은 상사를 의심하기 시작한다.

'일부러 나를 곤란하게 만들려고 이 일을 준 게 틀림없어…' 결과적으로 업무가 잘 마무리되었다고 해도 당신은 한숨을 돌리며 어떻게든 일을 끝냈다는 사실에 안도감만 느낄 뿐이다. 이 과정에는 일말의 즐거움도 없으며 그저 '생존'이라는 권태감만 존재한다.

'자기만족'이 부재한 상태에서 '더 나은 나'를 만들기 위해 안간힘을 쓰는 것은 이를 진정으로 원해서가 아니라 그저 상처와 실패를 피하기 위한 '면피책'일 뿐이다.

현실과 '더 나은 나'가 갈라지는 순간

존 볼비John Bowlby와 도날드 위니콧Donald Winnicott을 비롯한 다수 심리학자의 견해에 따르면, 아이들은 부모의 감정과 부모가 원하는 것을 아주 잘 파악한다. 아이들은 본능적으로 자신이 부모의 인정을 받아야만 생존할 수 있다고 느끼기 때문에 부모의 요구를 만족시키기 위해 노력한다. 그런데 만약 부모가 자신이 원하는 것만 중요시하고 아이의 감정을 살피지 않으면 아이의 실제 감정, 필요, 욕구, 생각과 같은 '진짜 자아true self'는 점점 감춰진다. 마치 양파 껍질에 싸여있는 것처럼 말이다(물론 양파 속에는 이 모든 자발적인 감정, 필요, 욕구, 생각이 여전히 존재한다). 그리고 탁월한 적응력을 가진 '가짜 자아false self'가 상당 시간 동안 주도적인 역할을 하게 된다. 물론 아이들이 부모의 인정을 받으려고 열심히 노력하는 것은 어느 정도 필요한 부분이기도 하다.

하지만 어린 시절의 '가짜 자아'가 만들어낸 사고방식이나 행동 패턴이 성인이 된 후에도 영향을 끼치면 문제가 된다. 한 개인이 성장하여 독립성을 가져야 할 때, 과거에 득이 되었던 행동 패턴들이 오히려 불필요한 걸림돌이 되는 것이다.

그런데 가짜 자아가 진짜 자아와 조화롭게 어우러져서 건강한 협력 관계를 맺게 되면 상황은 달라진다. 가짜 자아는 한 개인이 다양한 역량을 발전시키고 자발적인 노력을 통해 행복하고 만족스러운 삶을 살 수 있도록 도움을 주고, 진짜 자아(진실한 자아)를 보호하면서 안전하고 신뢰할 수 있는 대인관계에 더 많이 노출되고 친밀한 경험을 쌓을 수 있게 해 준다. 또한 일상생활에서 진짜 자아의 민낯을 완전히 드러내는 것은 오히려 해가 될 수도 있다. 대부분의 사람은 업무와 관련된 공적인 자리에서 자신의 가장 진실한 감정과 생각을 그대로 표현하려 하지 않는다. 이러한 자기 노출을 해봤자 지켜야 할 선을 넘는 사람으로 인식될 뿐이며, 타인의 잠재적인 공격 대상이 될 수도 있기 때문이다.

이런 의미에서 '건강한' 가짜 자아는 '적응형 자아'로도 불리며, 스스로 열세하거나 위험한 상황에 처했을 때 자신을 보호하는 역할을 한다. 반면 '건강하지 않은' 가짜 자아는 외부 세계의 규칙에 복종하도록 자신을 억압하며 사회에 적응하기 위한 욕구나 소속감보다는 외부 규정을 따르는 것에 촉각을 곤두세운다.

그런데 '가짜 자아/적응형 자아'와 '진짜 자아'를 완전히 분리하여 '적응형 자아=더 나은 나'라고 생각한다면 큰 오류에 빠지게 된다. '해야 한다'와 '해야만 한다'는 신념이 '하고 싶다'와 '원한다'를 지배할 수 있기 때문이다.

'적응형 자아(더 나은 나)'를 '진짜 자아'의 우위에 두면 자존감은 모래 위에 쌓은 성처럼 위태로워지고 만다. 현실적인 성과를 이루었다 해도 이것이 실제 감정이나 욕구와 긴밀히 연결되지 않으면

만족감을 충분히 느끼지 못하고 오히려 노력할수록 더 불안해지는 상황에 빠지기 때문이다.

'더 나은 나'가 되기 위한 원동력

스탠퍼드 대학 경영대학원의 짐 콜린스^{Jim Collins} 교수는 저서 『성공하는 기업들의 8가지 습관^{Built to Last: Successful Habits of Visionary Companies}』에서 이같이 말했다.

> "더 나은 성장을 추구하는 원동력은 인간 내면의 '깊은 충동'에서 비롯된다. 이는 탐색, 창조, 발견, 성공, 변화, 개선을 향한 충동이다. 성장을 추구하는 원동력은 고루하고 이성적인 인식이 아니라 강한 추진력을 가진 선천적 원동력이다."

모든 인간이 학습하고 성장하기 위한 원동력을 갖고 태어난다면, 왜 어떤 사람들은 '더 나은 나'를 추구하는 과정을 무거운 짐처럼 느끼는 걸까? 그들이 자기 성장을 통해 얻었던 즐거움을 앗아간 것은 도대체 무엇일까? 심리학의 '자기결정성 이론'에 따르면, 인간은 독립적이고 자율적이며 소속감을 지향하는 내적 동기를 갖고 태어난다. 이 동기가 충족될 때 깊은 성취감을 느끼며 더 충실한 삶을 살게 된다.

예를 들어, 책 읽기를 아주 좋아하는 명호라는 아이가 있다. 명호 부모님은 이에 내심 기뻐하며 명호가 독서 습관을 계속 이어나갈 수 있도록 더욱 격려해 줘야겠다고 마음먹는다. 그래서 명호가 책을 30분씩 읽을 때마다 '착한 아이'라고 칭찬하며 이에 대한 보상으로 용돈을 주었다. 하지만 자기결정성 이론에 따르면 외부적인 요소인 부모의 긍정적 의도는 명호의 독서량을 늘릴 수는 있지만, 독서 욕구를 떨어뜨릴 가능성이 크다.

그 이유는 무엇일까? 부모의 욕구가 자신의 욕구 수준을 뛰어넘으면 아이는 심적 혼란에 빠지고 의문을 품게 된다. 나는 정말 책 읽기를 좋아할까? 부모님의 칭찬과 용돈을 받기 위해서 책을 읽는 건 아닐까? 명호는 용돈이라는 보상을 받으며 계속 독서를 할 수는 있지만, 그 과정에서 자유로움을 느끼지는 못한다. 부모가 명호는 원래 책을 좋아하고 자발적으로 독서하는 아이라는 사실을 간과하고 부모라는 지위를 이용해서 명호를 '개조'하려고 했기 때문이다. 이 같은 상황에서 명호의 자율성에 대한 욕구는 억눌리게 된다.

한 사람의 자율성이 존중받는 것은 '진짜 열망(진정한 자아)'이 발전하는 전제 조건이며, 자율성 욕구가 충족되어야 자신의 진정한 존재감을 느낄 수 있다.

어느 날, 명호가 피곤해서 책을 읽지 않았다고 가정해 보자. 명호는 용돈은커녕 부모님의 잔소리나 꾸중을 듣게 될 것이다. 문득 명호는 그저 자유롭게 독서를 즐기는 것만으로는 충분하지 않다는 사실을 깨닫게 된다. 그리고 부모님(외부의 중요 인물)에게 인정과 칭찬을 얻기 위해 더욱 열심히 노력해서 '더 나은 나'로 발전해야 한다고 다짐한다.

이로써 명호의 마음속에 존재했던 책을 향한 '진짜 열망'은 점차 식어가고 부모가 원하는 모습으로 행동해야 한다는 압박감이 그 자리를 대체한다. 그리고 명호가 부모님의 '좋은' 평가와 사랑을 얻기 위해 긴장과 부담감에 시달리는 동안 '진짜 자아'는 점점 더 '깊숙한' 곳으로 숨어버리고 만다.

'자기결정성 이론'의 관점에 따르면, 특정한 조건하에서 긍정적인 피드백은 개인의 자신감을 향상시키고 더 강력한 내적 동기를 유발한다. 그런데 여기서 주의해야 할 점은 긍정적인 피드백은 그 목적이 순수해야 하고(통제되지 않은), 자율성(진정한 열망)을 침해해서는 안 된다는 것이다. 자율성은 개인의 내적 가치감과 긴밀하게 연결되어 있기 때문이다.

다시 명호의 이야기로 돌아가 보자. 만약 부모님이 독서를 좋아하는 것 자체를 칭찬하고, 명호 역시 그 칭찬이 순수하고 통제되지 않았다고 느꼈다면 명호는 내적 자신감을 얻었을 것이다.

그런데 여기서 '순수함'이 왜 중요할까? 순수함이라는 진정성은 명호가 부모님에게 관심과 인정, 감정적 지원을 받았다고 믿게 해준다. 그리고 명호는 부모님이 조건적 칭찬을 통해 통제하려는 (너는 독서를 참 잘하는 아이야. 바로 우리가 원하는 그런 아이지!) 것이 아니라 개인의 자율성을 지켜주려고 했음을 (너는 책을 아주 좋아하는 아이구 나!) 느끼게 된다. 같은 맥락에서 볼 때, 명호가 무조건적인 칭찬을 받았다면 당장 책을 읽지 않더라도 부모의 칭찬을 받지 못할까 봐 두려워하는 일은 없었을 것이다.

대가 없는 무조건적인 관심은 타인과의 감정적 소통을 경험하게 해 주고 이 경험은 내적 열망과 동기를 키우는 밑거름이 된다. 다시 말해, 자아 성장의 과정에서 '더 나은 나'를 추구하는 행위가 강한 불안감을 유발한다면 이는 지속적인 원동력이 될 수 없다.

그러므로 '진짜 자아'와 '더 나은 나'라는 두 가지 차원은 조화롭게 어우러져야 한다. '진짜 자아'는 그 자체로 소중하기에, 좋고 나쁨을 구분할 필요가 없다. 진정한 열망과 타고난 본성이 어른 세계에 스며들면 강력한 동기부여가 되어 자발적으로 학습하고 성장하며 더 나은 세상을 창조하려는 의지에 불을 붙일 것이다.

'더 나은 나'를 추구함과 동시에 나의 '진짜 자아'도 찾을 수 있다. 먼저 자기 자신에게 순수한 칭찬과 찬사, 인정을 건네 보는 건 어떨까. '진짜 자아'를 사랑하면서 '더 나은 나'를 추구하는 과정 또한 사랑해 보자.

나를 사랑하는 노력이
결코 헛되지 않게

나쁜 감정에 빠질 때면 브레이크를 걸어라

자기 자신을 사랑하고 아끼면 진짜 자아에 대한 갈망이 생긴다. 그리고 진짜 자아를 찾기 위해서 내면의 목소리(내적 동기)에 귀를 기울이다 보면 성장에 강력한 동기부여가 된다.

그러나 자기 자신을 사랑하지 못하면 엄밀히 말해, 내 존재 그대로를 사랑하지 못하면 '진짜 자아'와 '더 나은 나'가 서로 영원히 닿지 않는 양극단에 놓이게 된다. 이는 '진짜 자아=형편없는 존재', '더 나은 나=실현할 수 없는 나'라는 생각이 내면을 지배하고 있는 것과 같다. 이런 상황에서는 건강한 자존감을 얻기 어렵고 아무리 애를 쓰고 노력해도 늘 제자리걸음을 하는 것처럼 느껴진다.

자신이 심적으로 취약한 상태에 있다는 것을
깨달았을 때 가장 먼저 해야 할 일은
'더 나은 나'가 되는 것이 아니라
눈앞의 문제, 즉 낮은 자존감을 회복하는 것이다.

앞서 언급했듯이 '더 나은 나'를 추구하는 것은 인간의 본능이다. 이 욕망 속에는 현재의 자신에 대한 만족과 불만족이 모두 내포되어 있다. 이 양자 사이의 팽팽한 긴장이 원동력을 만드는 것이다. 그러나 자기 자신이 매우 불만족스러울 때, 즉 자존감이 너무 낮을 때 우리는 나쁜 감정에 쉽게 빠지게 된다. 자신이 심적으로 취약한 상태에 있다는 것을 깨달았을 때 가장 먼저 해야 할 일은 '더 나은 나'가 되는 것이 아니라 눈앞의 문제, 즉 낮은 자존감을 회복하는 것이다. 이미 불만족이라는 소용돌이에 휩싸여 있는 상황에서 이를 당장 벗어나지 못하면 더 나은 곳을 향해 '헤엄쳐 가는' 능력을 키우기 어렵기 때문이다.

감정 훈련은 수영을 배우는 과정과 매우 유사하다. 수영을 배우려면 먼저 물과 친해지는 것이 중요한데, '무서워, 물에 빠져버릴 것 같아'라는 두려운 감정에만 사로잡혀 있다면 수영 실력이 절대 늘지 않을 것이다.

자존감이 높은 사람도 자신에게 회의감을 느낄 때가 있다. 하지만 그들은 자신도 여러 가지 감정을 가질 수 있다는 사실을 인정하기 때문에 어떤 일을 잘 해내지 못했다고 해서 스스로를 가치 없는 존재라고 치부하지 않는다. 반면 자존감이 상대적으로 약하거나 감정을 다루는 데 서툰 사람은 "너무 괴로워.", "견딜 수 없어.", "짜증나 죽겠어. 이 스트레스를 어떻게 풀어야 하지."와 같은 부정적인 표현을 자주 한다. 이는 그들이 이미 헤어 나오기 힘든 감정의 소용돌이에 빠져버렸음을 의미한다. 이런 상태에 있는 사람은 불안 수준이 매우 높아서 마치 뜨거운 냄비 위에 올라간 개미처럼 극도로 초조하고 안절부절못하는 모습을 보인다.

어떤 사람들은 내적 불안감을 떨쳐내기 위해 공부나 단어 암기, 보고서 작성, 문제 풀기 등의 활동에 몰두하기도 한다. 자신이 '더 나은 나'로 발전하는 데 이런 활동이 긍정적으로 작용하는 것처럼 보일 수도 있다. 하지만 실제로 그들의 내적 상태와 이 같은 외부 활동은 서로 단절되어 있다. 심리적으로 매우 높은 불안과 압박감에 시달리고 있는 상황에서, 극심한 고통이나 괴로움을 완화하기 위해 특정 활동을 함으로써 자기 혐오감을 줄이려고 하는 것이다. 그러나 이러한 활동만으로는 자기 만족감을 높일 수 없으며 나쁜 감정을 완화하는 효과도 크지 않다. 뿐만 아니라, 심각한 불안감과 인지부조화는 개인의 인지 능력에 영향을 끼치기 때문에 새로운 지식을 습득하는 데도 어려움을 겪을 수 있다.

사람의 인지 능력 중에서 중요한 능력 중 하나인 '작업 기억working memory'은 언어, 의사결정, 문제 해결과 같은 다양한 고급 인지 활동을 수행하는 필수적인 작업장으로서의 기능을 한다. 우리는 보통 언어를 학습하거나 중대한 결정을 내리고 다양한 문제를 해결할 때 이 작업 기억을 활용한다. 여러 연구 결과에 따르면, 극도의 스트레스를 받으면 인지 능력이 손상되고 인지적 유연성이 급격히 감소하여 기억 검색뿐 아니라 기억 생성에도 문제가 생긴다. 막대한 스트레스를 처리하기 위해 대량의 내적 자원을 투입했기 때문이다.

이것이 바로 자신에게 매우 불만족한 경우(자아 인식이 나쁜 경우) 노력할수록 목표가 더욱 요원해지는 것처럼 느껴지는 이유이다.

어느 날, 한 은사님이 나에게 이런 말씀을 하셨다.

"너는 그 어떤 기대와 바람 없이 그저 노력하고 추구하는 법을 천천히 배우고 익혀야 한다."

모두 알다시피 어떤 운동이든 처음에는 코어를 강화하는 훈련을 해야 한다. 코어가 강화되어야 발로 뛰고 팔을 늘리고 온몸을 회전하는 등 다양하고 복잡한 동작을 수행할 수 있기 때문이다. 마찬가지로 심리적인 측면도 우리의 내면이 안정되면 외적 활동과의 시너지가 크게 높아진다. 자기 자신에 대한 불만족은 스스로를 존중하고 인정하며 동정하는, 즉 자신을 사랑하는 것을 방해한다. 부정적인 감정에 휩싸인 채, 자신의 가치를 증명하기 위해서 안간힘을 쓰게 되는 것이다.

이런 불안과 초조함 속에서 좀처럼 집중하지 못하고 내적 에너지만 소모하다 보면 결과는 늘 제자리걸음일 뿐이다. 그러므로 자신이 부정적인 감정에 빠져있을 때만큼은 성급하게 행동하지 않도록 주의해야 한다. 특히 자신이 없는 분야일수록 스스로를 기다려주고 공감해 주는 관대함을 베푸는 것이 중요하다. 인간은 100% 완벽할 수 없기에 인생에서의 고통과 실패도 어찌 보면 지극히 정상적인 현상이다. 심리학자 크리스틴 네프^{Kristin Neff}는 이렇게 말했다.

"고통과 실패는 우리가 누구인지를 정의할 수 없을 뿐만 아니라, 우리의 가치를 결정지을 수도 없다."

나의 자존감은 건강할까

건강한 자존감을 가진 사람은 자신감이 넘치며 실패에 부딪혀도 오랫동안 주눅 들어 있지 않다. 또한 한 가지 일을 잘못했다고 해서 자신의 존재 자체를 부정하지도 않고 적극적으로 다른 방법을 찾아 나선다. 반면 자존감이 낮은 사람들은 이렇게 생각한다.

'나는 이래서 안 돼, 나는 엉망진창이야, 나는 가치 없는 존재야.' 만약 당신도 이 같은 감정을 쉽게 느낀다면 먼저 자신의 자존감 상태가 어떤지 살펴볼 필요가 있다.

자존감이 낮은 사람들의 공통점은 무엇일까?

첫째, 자기 억제와 자기 의심의 경향을 보인다.

자존감이 낮은 사람의 머릿속은 수많은 물음표로 가득 차 있다.

'저 사람은 왜 그런 말을 했을까?', '저 사람은 왜 나에게 그런 반응을 했을까?' 등의 숱한 의문이 들지만, 겉으로 이를 쉽사리 표현하지도 못한다. 그들은 '혹시 이렇게 물어보는 건 무례한 걸까?', '이렇게 말하면 그 사람이 기분 나빠하진 않을까?'와 같은 끝없는 고민을 하며 자신을 틀에 가둔 채 외부에서 '모범답안'을 찾으려고 한다. '여기서 내가 할 수 있는 것과 해서는 안 되는 것은 무엇일까?' 이렇게 그들의 레이더는 항상 옳은 것과 잘못된 것을 탐지하려고 한다. 그들은 참신한 아이디어를 많이 갖고 있어도 혹시 실수하거나 사람들의 반응이 안 좋을까 봐 그저 침묵한다. 그리고 주변 사람들은 그런 그를 과묵한 사람, 속내를 알 수 없는 사람이라고 생각할 뿐이다.

둘째, 자존감이 쉽게 동요되고 불안정하다.

예를 들어, 어느 날 아침 A 씨가 회사 엘리베이터에서 상사와 마주쳤다고 가정해 보자. 상사가 기분 좋게 웃으며 인사해 주자 그는 '내가 일을 잘하니까 상사도 날 좋아하나 봐'라고 생각하며 짜릿한 행복을 느낀다. 그런데 그날 오후, 동료들과 함께 상사에게 보고하는 회의 자리에서 상사가 A 씨에게 공개적으로 의문을 제기했다.

"잘 이해가 안 되는데 다시 한번 설명해 줄래요? 이렇게 디자인한 이유가 뭐죠?" 이에 크게 당황한 그는 '망했다! 상사는 내 아이디어가 맘에 안 드나 봐!'라고 생각하며 기분이 급격히 다운된다. 회의가 끝난 후, A 씨는 상사의 미세한 표정과 말투 하나하나를 떠올리면서 이제 나는 더 이상 인정받지 못할 것이라며 좌절감에 빠졌다. 그 이후로 그는 자신의 재능이 아깝다고 한탄하기도 하고, 자신을 자책하기도 하며 하루하루를 힘겹게 보냈다. 이것이 바로 쉽게 동요되고 불안정한 자존감의 전형적인 모습이다.

셋째, 자신의 일부 성향(취향, 욕망 등)을 감추려고 한다.

자존감이 낮다고 해서 현실에서 늘 뒤처지는 것은 아니다. 오히려 어릴 때부터 모범생인 경우가 많고, 좋은 학벌을 갖고 있거나 회사 내에서도 유능한 인재로 인정받는 등 여러 분야에서 뛰어난 성과를 보이는 사람도 많다. 그런데 그들은 자신의 그런 노력이 부모님이나 선생님, 상사, 파트너, 자녀 등 다른 사람들의 기대에 부응하기 위한 것이라고 생각한다. 결과적으로 좋은 성과를 얻어도 그들의 마음속에는 '내가 원하는 것들은 절대 허용되거나 인정받지 못해'라는 깊은 불만과 분노가 저변에 깔려있다.

예를 들어, 이 같은 성향의 사람들은 다른 사람들 앞에서는 게임을 좋아하지 않는 척하면서 혼자 몰래 게임을 즐긴다. 그들은 게임이 '모범'과는 전혀 상반되는 세속적이고 한심한 취미이며, 게임을 즐기는 것이 자신의 이미지와 어울리지 않는다고 생각하면서도 실제로는 게임을 통해 쾌감을 느낀다. 이러한 내적 갈등이 늘 그들을 괴롭히지만, 자신의 진짜 모습(감춰진 개인적 성향)을 떳떳하게 드러내지 못하고 깊이 숨기는 경향을 보인다.

넷째, 쉽게 거절하지 못하고 경계 설정에 취약하다.

자존감이 낮은 사람은 '노력하지 않는 것'에 대해 과도한 공포와 두려움을 느낀다. 예를 들어, 그들은 휴가를 보내고 있는 와중에도 이메일에 답장해야 마음이 놓인다. 휴가를 이유로 일 처리를 하지 않으면 동료들에게 민폐를 끼치는 것이라고 생각하기 때문에 혹시라도 놓치는 것이 생기면 깊은 죄책감에 빠진다. 그런데 또 한편으로는 말 못할 억울함을 느끼며 휴가 중에 일하는 것이 버겁다고 생각하기도 한다. 이러한 심리 상태는 보통 두 가지 특징을 보인다.

첫째, 자신을 '가치 없는 존재'라고 여기며 자신이 완전한 만족을 얻을 자격이 있는지 의문을 품는다. 둘째, 자기 자신에게 '쉼표'를 허용하지 않는다. 그들에게 휴식이란 일시적인 멈춤이 아니라 방탕과 타락을 의미하기 때문이다. 그들은 자신을 돌보는 것에 대해 죄책감과 수치심을 느끼며, 자신은 만족을 느끼거나 마음껏 즐거워할 수 있는 자격이 없다고 생각한다. 몸이 만신창이가 되어도 잠깐의 휴식조차 허용하지 않는 그들은 마치 끊임없이 돌아가는 쳇바퀴에 올라탄 듯 쉴 새 없이 움직여야 마음이 놓인다. 그러다 어느 날 갑자기 심리적 공황에 빠지거나 중병에 걸려서 의도치 않게 쉬어야만 하는 상황이 오기도 한다.

다섯째, 자신의 인생을 통제할 수 없을까 봐 두려워한다.

이 말은 자존감이 낮은 사람의 모습을 함축적으로 잘 담아내고 있다. 대외적으로 좋은 성과를 보이는 사람이라도 내면에는 작은 실수도 용납할 수 없고 늘 경계를 늦추면 안 된다는 불안감이 존재할 수 있다. 이런 사람들은 사소한 실수 때문에 자신의 가면이 벗겨져 무능한 민낯이 폭로될까 봐 전전긍긍하며, 이를 피하기 위해 차라리 '아무것도 하지 않기'를 선택하기도 한다. 그리고 때로는 성공후에 겪을 실패가 두려워 눈앞의 기회를 의도적으로 놓칠 때도 있다. 물론 그들도 칭찬을 받으면 기뻐하긴 하지만 그 기쁨이 오래 가지 않고 곧 불안에 빠진다.

'이제 어떡하지? 저 사람들은 내가 얼마나 못난 존재인지 모를 텐데 다음에는 어떻게 속여야 하지?' 칭찬을 받으면서도 자신이 잘한 게 아니라 은근슬쩍 잘 넘어간 것일 뿐이라고 생각하며, 사람들이 자신의 무능한 실체를 모르기 때문에 칭찬하는 것이라고 단정 짓는다.

심리학에 '가면 증후군imposter syndrome(진짜 자아는 가면 속에 가려지고 이중적 자아가 표출되는 현상으로 가면이 벗겨지면 자신의 참모습이 드러날지 모른다는 생각에 괴로워하는 심리-역주)'이라는 용어가 있는데, 이는 이러한 유형의 사람들을 잘 묘사하고 있다. 그래서 그들은 객관적으로 좋은 평가를 받아도 이렇게 생각한다.

칭찬을 받으면서도 자신이 잘한 게 아
니라 은근슬쩍 잘 넘어간 것일 뿐이라
고 생각하며, 사람들이 자신의 무능한
실체를 모르기 때문에 칭찬하는 것이
라고 단정 짓는다.

'당신이 틀렸어요, 당신은 내 실체를 몰라요.' 이런 유형의 사람들에게는 성공이 에너지나 행복을 가져다주거나 새로운 동기부여가 되지 않는다.

여섯째, 행복할수록 불안감을 느낀다.

자존감이 낮은 사람은 행복을 느낄 때 이 행복이 오래가지 않으리라 확신한다. 그들이 이렇게 확신하는 이유는 자기 자신이 예상치 못한 돌발 상황에 대처할 능력이 없다고 생각하기 때문이다. 가끔 '나는 가치 있는 존재'라고 느끼는 순간이 오더라도 그들은 어찌할 바를 모르며 그저 운이 좋았기 때문이라고 금방 덮어버린다. '행복 속 불안감'을 느끼는 사람은 '나는 못 해' 또는 '나는 안 돼'라는 감정을 빈번하게 느낀다. 아마도 그들은 어릴 적 부모님으로부터 '너는 못 해' 또는 '너는 안 돼'라는 비난을 자주 들었을 것이다. 이 가시 돋친 말(현실은 그렇지 않으나 짙은 편견에 사로잡힌 말)들이 한 사람의 그릇된 신념이 되어 행복을 위한 모든 시도와 행동들을 억누르는 것이다.

만약 위에서 언급한 몇 가지 특징들이 당신에게도 해당된다면, 아마도 당신은 낮은 자존감으로 인한 문제에 시달리고 있을 가능성이 크다. 또한 그 문제들이 일상생활 곳곳에 영향을 미쳐 현재의 삶을 즐기는 데 어려움을 겪고 있을 것이다. '더 나은 나'가 되기 전에 먼저 어떻게 하면 자기만족의 기초를 구축할 수 있을지, 그리고 어디서부터 어떻게 시작해야 할지 구체적으로 고민해 볼 필요가 있다.

'나는 충분히 괜찮은 존재다'의 심리 유형 분석

사실 자존감이 낮은 사람들은 그들이 생각하는 것처럼 그렇게 형편없는 삶을 사는 것이 아니다. 그들은 보통 사람들과 크게 다르지 않고 그저 내적 자존감이 조금 부족할 뿐이다. 물론 자존감을 구축하고 복원하는 것은 쉽지 않은 과정이다. '보잘것없는 존재'에서 '가치 있는 존재'로 나아가는 이 과정은 외부와 내부의 탐색이 병행되어야 하는 기나긴 여정이 될 수도 있다. 이쯤에서 여러분은 이런 질문을 할 수 있다.

"그럼 자신을 '가치 있는 존재'로 생각하는 이들은 어떤 사람들인가요?"

이 질문에는 유일한 정답이 없지만 그들의 보편적인 특징을 살펴볼 수는 있다.

첫째, 좋고 나쁨을 조화롭게 결합한다.

스스로 '가치 있는 존재'라고 생각하는 사람은 자신에 대한 좋은 감정과 나쁜 감정을 조화롭게 결합한다. 그들은 자신이 '특별히 멋지고 훌륭하다'고 느낄 때도 있고, '오늘은 왠지 저기압이야. 공부도 하기 싫고 그냥 침대에 누워만 있고 싶어'라고 느낄 때도 있다. 그런데 그들은 이 두 가지 상태를 공존시킬 수 있다. 컨디션이 아주 좋은 상황에서는 자신의 기분이 안 좋았던 시기도 있었음을 잊지 않고, 유독 기분이 좋지 않고 우울할 때는 '잠시 쉬었다 하자. 시간이 지나면 괜찮아질 거야.'라며 자신을 다독인다. 또한 피로를 느끼면 충분한 휴식과 충전의 시간을 갖는다. 그들은 '내 성과나 능력과 관계없이 나는 사랑과 존중받을 가치가 있어'라는 믿음을 갖고 있기에, 자신의 상태가 개선되기를 믿고 기다리며 자기 자신을 보살필 줄 안다.

둘째, '사회적 기대 충족'과 '자아 정체성'을 결합한다.

그들은 개인적으로 중요하게 생각하는 사람이나 사회적 주류가 기대하는 방향에 맞춰 노력하면서도, 이는 자신이 원하는 방향과 일치한다고 생각한다. 그들은 자신이 오로지 다른 사람을 만족시키기 위해서 노력한다거나, 갈등을 피하기 위해 원하는 것을 포기한다고 생각하지 않는다. 자신의 노력이 자기만족의 욕구와 사회적 기대에 부응하고자 하는 욕구를 모두 충족시킨다는 것을 잘 알기 때문이다. 또한 그들은 자신이 진정으로 원하는 것과 자기 보호 차원에서 위장한 것이 무엇인지를 명확히 구분할 수 있기에, 내적으로는 동기부여와 에너지를 얻고 외적으로는 중요한 인물이나 환경으로부터 지원을 받을 수도 있다.

셋째, 자신의 성공을 충분히 즐긴다.

그들은 자신이 어떤 성과를 이루었을 때, 주변 사람들의 축하나 부러움, 칭찬을 감사하게 받아들이며 그에 대한 불편함이나 불안을 느끼지 않는다. 동료가 새 옷이 잘 어울린다고 칭찬했을 때, 자존감이 낮은 사람은 "아니야, 아니야. 잘 어울리긴 뭘."이라고 손사래 치며 칭찬받을 때의 그 '낯간지러운' 느낌에 거부감을 느낀다.

반면 자신을 '가치 있는 존재'라고 생각하는 사람은 "고마워. 이번 쇼핑은 성공적인 것 같아."라고 말하며 행복해한다. 그들은 자신이 기쁨과 행복을 느끼는 것을 기꺼이 허용하며 열린 마음으로 긍정적인 경험을 받아들이기 때문에 이를 통해 더 큰 행복 에너지를 얻을 수 있다. 그들은 자신에게 다른 사람이 모르는 또 다른 면이 있어도 이에 수치심을 느끼거나 부끄러워하지 않는다.

넷째, 실패를 담담하게 받아들이고 과감하게 도전한다.

그들은 새로운 경험에 대한 도전을 즐긴다. 물론 이러한 도전은 신중한 평가와 충분한 마음의 준비 후에 이루어지며, 경솔하지 않으면서도 과감하고 창의적인 아이디어로 무장되어 있다. 그들은 용기 있게 말하고 생각하고 행동하며, 끝없는 시도와 도전을 통해 자신만의 경험치를 차곡차곡 쌓아간다. 그 과정에서 실패나 좌절 또는 예기치 않은 상황이 닥쳐도 기민하게 대처하여 곤경을 벗어나고 그 경험 속에서 교훈을 찾아 다시 도전한다.

위에서 언급한 것처럼 강한 '자기 확신'과 '긍정적인 성향'을 갖춘 사람은 내적 갈등 수준이 상대적으로 낮다. 물론 자기 자신을 '충분히 괜찮은 존재'로 느껴도 내적 갈등이 순식간에 사라지는 것은 아니다. '더 나은 나'가 되는 과정은 쉽지 않은 여정이다. 해외 원격 강의를 듣기 위해 밤낮의 패턴을 바꾸거나, 남들이 영화를 보거나 게임하며 놀 때 혼자 책상에 앉아 공부해야 하는 것처럼 말이다. 그러나 이 모든 고충은 나의 노력이 헛되지 않음을, 힘들어도 행복하다는 것을 깨닫게 해 줄 것이다.

우리는 모두 더 나은 나가 되기를 원한다. 하지만 이를 위해 무작정 노력하기보다 먼저 나 자신이 지금 어떤 길에 서 있는지 명확히 짚어보아야 한다.

'나는 노력할수록 행복해지고, 행복할수록 더 노력하고 싶어져.'

'나는 행복하지는 않지만, 불쾌한 느낌을 없애려면 노력할 수밖에 없어.'

당신은 이 두 가지 길 중 어디에 서 있는가? 만약 후자의 길에 서 있다면, 지난 경험들이 이미 답을 줬을 것이다.

'이 길은 통하지 않아.', '아무리 노력해도 만족스럽지 않아.'

이럴 때는 잠시 속도를 늦추고 깊이 성찰하고 고민해 봐야 한다.

잠시 속도를 늦추고
깊이 성찰하며 고민해 보자.
'나는 어떻게 지금의 내가 되었을까?'

제2부

당신의 자존감이
낮은 이유

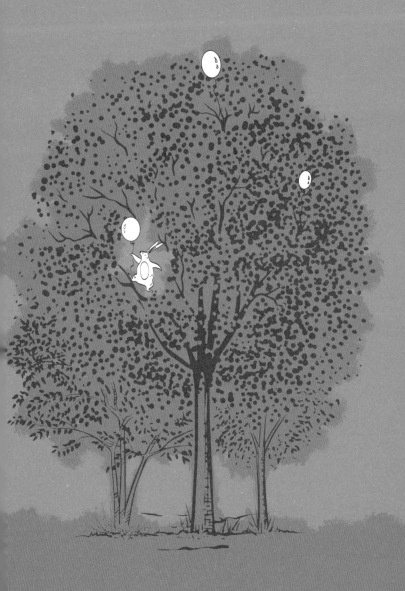

어린 시절에 주양육자에게서 조건 없는 사랑과 관심, 인정 등 정서적 지원을 충분히 받았다면, 그리고 깊이 사랑해 주면서도 나의 경계선 또한 지켜주는 누군가가 지금 곁에 있다면, 이는 우리가 자신감과 내적 안전감을 느끼고 자기 경험을 신뢰하는 데 큰 자양분이 될 것이다.

반면 어린 시절에 가족의 정서적 지원을 충분히 받지 못하고 늘 냉대당하거나 특정 조건에서만 사랑과 칭찬을 받았다면, 성인이 되어서도 대인관계에서 항상 불안감을 느끼고 목표나 꿈을 추구하면서 쉽게 지치는 경향을 보일 것이다. 또한 새로운 도전을 앞두고 자기도 모르게 회피하거나 자신을 변호하기 위해 당당히 목소리를 내지 못하며 타인에게 도움을 청하는 것을 부끄럽게 여길 수도 있다.

2부에서는 과거 경험이 자존감에 어떻게 영향을 미치는지 살펴보고자 한다. '자기 자신을 이해하는 것', 이것은 변화를 향한 첫걸음이다.

유년의 단단한 경험이
성장을 위한 발판이 된다

나의 인생 시나리오 이해하기

"어린 시절의 경험이 한 개인의 '인생 시나리오' 첫 장을 좌우한다."

이는 많은 심리학자가 공통으로 인정하는 관점이다. 예를 들어 아끼는 장난감을 어린 동생에게 주는 것과 같이 어른의 눈에는 지극히 사소한 일이 어린아이에게는 고통스럽고 받아들이기 힘든 경험으로 다가올 수 있다. 이러한 '충격적인' 경험들은 아이의 기억 속 깊은 곳에 저장되어 자신의 인생 시나리오에서 절대 지워지지 않는 '장면'으로 남게 된다.

심리학에서는 이러한 인생 시나리오를 '암묵기억implicit Memory' 또는 '절차기억procedural memory(의식이 개입되지 않은 비서술적 기억)'이라고 부른다. 한 사람의 인생 시나리오는 마치 컴퓨터의 '기본 코드'처럼 존재감 없이 늘 존재하고 있다. '절차기억'은 대인관계에 끊임없이 투영되어 무의식중에 사회적 상호작용 방식에 영향을 미치고, 때로는 인생의 방향을 결정짓기도 한다.

무협의 전설 진융金庸은 소설『설산비호雪山飛狐』에서 묘인봉이 검을 휘두를 때마다 등을 들어 올리는 모습을 담았다. 이는 묘인봉이 어릴 적 검 연습을 할 때, 등이 벌레에 물려도 손을 뻗어 긁지 못하고, 등을 들어 올려서 고통을 참아냈던 버릇에서 기인한 것이다. 알고 보니 이 버릇의 내막에는 아버지에게 받은 체벌이라는 두려운 기억이 있었다. 이러한 '절차기억'이 한 번 형성되면 그 이후의 삶 속에서 반복적으로 나타나고 자동반사적인 반응 패턴으로 굳어진다.

그러면 몇 가지 사례를 보며 이야기 속 주인공들이 자신의 과거 경험을 바탕으로 어떠한 '인생 시나리오'를 만들었는지 살펴보자. 이를 통해 여러분도 자신의 인생 시나리오를 되짚어보는 시간을 갖길 바란다.

실수가 두려운 아이는 호기심을 잃는다

아인슈타인은 "저에겐 특별한 재능이 없어요. 그저 광적인 '호기심'만 있을 뿐이죠."라고 말했다. 이 말을 그저 세계적 위인의 겸손으로 치부한다면 호기심의 숭고한 가치를 과소평가한 것이다. 엄밀히 말해 호기심은 성격적 특성이 아니라 능력이며, 전문용어로는 '인지 요구'라고 일컫는다. 인내심, 긍정적인 마인드와 같은 개인의 품성보다 왕성한 인지 요구가 자기 발전을 이끄는 핵심 원동력이라 할 수 있다.

영국 작가 이언 레슬리Ian Leslie는 『큐리어스: 인간의 네 번째 본능, 호기심의 모든 것Curious: The Desire to Know and Why Your Future Depends on It』에서 인류학자들이 원숭이에 관해 연구한 과정을 자세하게 서술하고 있다. 그는 천재 원숭이 칸지가 200개 이상의 단어를 숙달하고 두 살배기 어린아이와 맞먹는 언어 능력을 갖추고 있음에도 주변과 자신에 대한 호기심이 없다는 것을 발견했다. 여기서 말하는 호기심은 미지의 것에 대한 단순한 '궁금함'이 아니라, '왜', '어떻게', '나는 누구인가'와 같은 질문을 탐닉하는 고차원적인 인지 요구를 가리키며, 이것이 바로 인간만이 지닌 고유한 특성이라 할 수 있다.

여러분은 '어떤' 어린 시절의 기억을 갖고 있는가? 보통 3~6세의 아이들은 새로운 것에 대한 호기심이 넘쳐나서 어지럽히고 탐색하기를 좋아하며, 때로는 잔뜩 들떠서 소리를 지르거나 갑자기 춤을 추기도 한다. 그런데 이런 아이들이 점차 성장하여 어른이 되면, 자신과 세계에 대한 호기심을 계속 유지하는 유형과 더 이상 새로운 것을 탐색하지 않고 점점 신중하고 소심해지며 위축되는 유형으로 나뉜다. 후자의 경우, 큰 좌절이나 실패를 겪었을 때 다시 도전할 용기를 내지 못하고 쉽게 포기하는 경향을 보인다. 자신의 그런 나약한 모습을 원치 않지만, 그들에게는 도전 자체가 너무도 어렵기 때문이다.

사례 1

영훈은 처음 상담실에 들어왔을 때부터 무척 위축되고 긴장한 모습을 보였다. 그는 이따금 내 눈치를 힐끔힐끔 보았는데 마치 나의 어떤 지시나 명령을 기다리는 듯했다.

사실 그는 진정한 연애를 하고 싶어서 심리 상담을 신청했다. 그렇다. 그는 30년 넘게 제대로 된 연애 한번 해 본 적 없는 '모태 솔로'였다. 영훈은 나와 대화를 나누는 동안 "무슨 말을 해야 할지 모르겠어요."라는 말을 수차례 반복했다. 내가 그의 이야기를 듣다가 어떤 부분을 구체적으로 묻거나 확인하면 그는 갑자기 경계하는 듯한 얼굴로 정색했다.

"다른 사람들도 다 이런 거 아니에요?"

사실 이런 그의 반응은 나에게 적잖은 스트레스였다. 혹시 그가 오해할까 봐 최대한 부드럽고 조심스럽게 다가갔지만, 영훈은 언제나 내가 자신을 평가하거나 비난한다고 생각했다. 또는 내가 자신의 잘못을 짚어내려고 꼬치꼬치 물어보는 것이라고 단정짓기도 했다. 나는 그가 얼마나 까다롭고 엄격한 가정환경에서 자랐는지 문득 그의 어린 시절이 궁금해지기 시작했다.

그러던 어느 날, 상담실을 다시 찾아온 영훈의 상태가 심상치 않았다. 그날따라 유독 불안해 보이는 그에게 나는 무슨 일이 있었는지 묻지 않을 수 없었다. 그는 잠시 침묵한 뒤 어렵게 입을 뗐다.

"상담실 화장실에서 휴지를 뽑다가 휴지걸이가 바닥에 떨어졌어요. 그런데 아무리 해도 다시 붙일 수가 없었어요. 정말 죄송해요."

연신 용서를 비는 그의 모습은 마치 판결을 기다리는 죄인처럼 한없이 무력해 보였다. 나는 그 휴지걸이는 이미 여러 번 떨어졌었고, 접착 부분이 약해 원래 쉽게 떨어지는 것이라고 설명했다. 그리고 이미 강력한 새 접착제를 사 놓았으니 걱정하지 말라고 그를 다독였다. 그랬더니 그는 사뭇 놀란 표정으로 나를 바라보더니 갑자기 눈시울을 붉혔다.

"선생님, 사실 저는 상담실에 들어오기 전까지 너무 두려웠어요. 제가 저지른 일에 대해 말을 해야 하나 말아야 하나 무척 고민이 됐거든요. 그런데 선생님은 잘못을 꾸짖으시기는커녕 별일 아니라고 오히려 저를 다독여주셨어요. 그래서 제가 더 바보같이 느껴지기도 하지만, 한편으로는 너무 감동적이고, 서글프기도 해요.

어릴 적 저희 부모님은 무척 엄격하셨어요. 항상 '이건 안 돼, 저건 안 돼!'라고 말씀하셨지만 저는 뭐든지 직접 만져보고, 해보고 싶었어요. 그래서 더욱 자주 혼날 수밖에 없었죠. 다섯 살인가 여섯 살 때였을 거예요. 어느 날 저는 서랍에서 아버지가 회사에서 받아온 만년필을 우연히 발견했어요. 아마 아버지는 그걸 쓰기가 아까워서 서랍 깊숙이 숨겨 놓으셨던 것 같아요. 저는 처음 보는 만년필이 신기하기도 하고 멋져 보이기도 해서 한참을 만지작거리다가 그만 실수로 바닥에 떨어뜨렸고 만년필은 망가지고 말았죠. 그날 저녁, 퇴근 후 집에 돌아오신 아버지가 그 사실을 알게 됐고 불같이 화를 내며 저를 사정없이 때리고 욕했어요. 그때를 떠올리면 지금도 너무 무서워요.

생각해 보면 제 인생의 모든 중요한 결정들은 아버지가 도맡아서 해 주셨어요. 어떤 대학에 가서 어떤 전공을 선택하고, 어떤 직업을 가질지 등등 말이에요. 아버지는 제가 실수하지 않고 아버지의 계획대로 따르기만 하면 잘 대해 주신 편이었어요."

영훈은 고개를 떨구고 한참을 말없이 있다가 손으로 눈을 문지르며 옆쪽 벽면에 걸린 액자 쪽으로 시선을 돌렸다. 아마도 나에게 눈물을 들키고 싶지 않았던 것 같다.

이후, 영훈은 한결 편안해진 듯 보였고 마음속 걱정과 두려움을 하나씩 털어놓기 시작했다. 대화하는 동안 그는 내 눈을 마주치려고 노력했고, 때로는 약간의 미소를 보이기도 했다.

상담이 무르익어 가면서 우리는 그가 그동안 연애를 하지 못했던 중요한 이유 하나를 찾아냈다. 그는 데이트를 할 때마다 자신이 혹시 실수할까 봐 늘 전전긍긍했고, 예의 없는 사람으로 비치는 것이 두려워 상대에게 어떤 질문조차 하지 못했다. 때로 어떤 여성이 그에게 관심을 표현하며 직업이나 취미 같은 개인적인 것을 물어보면, 그는 상대가 자신을 의심하거나 평가한다고 생각했고, 솔직하게 얘기했다가 자신을 마음에 들어 하지 않을까 봐 습관적으로 상대를 피하거나 밀어냈다.

이렇게 영훈의 연애사는 제대로 시작하기도 전에 늘 허무하게 끝이 났다.

그렇다. 어릴 적 우리는 모두 집안의 '트러블 메이커'를 담당하며 부모님을 걱정시키곤 했다. 호기심이 생기면 참지 못하고 바로 질문을 하거나 손으로 직접 만져보는 게 일상이었다.

"왜 아이스크림은 하나만 먹어야 해요?", "왜 비 오는 날에는 캠핑을 가면 안 돼요?" "왜 아빠와 엄마는 몸이 달라요?", "왜…."

특히 아이에게 무언가를 하라고 시켰다가 아이의 '왜'라는 질문의 늪에 한번 빠지기 시작하면 정말 골치가 아파진다. 그래도 부모가 이러한 귀찮음을 기꺼이 받아들이고 아이에게 '너는 안전해'라는 인식까지 심어 주면, 아이들은 자기만의 다양한 방식으로 세상을 탐색하며 살아가는 법을 저절로 습득하게 된다.

어릴 적 영훈 또한 어린아이들의 심리적 특성으로 새로운 것을 보면 뭐든지 열어보고, 만져보고 싶어 했을 것이다. 그러나 아버지의 비난과 체벌을 겪으면서 영훈은 자신의 호기심과 탐구욕을 억누르기 시작했다. 자신의 '나쁜' 호기심이 원래 '착한' 아버지를 분노하게 만들었고, 이렇게 가다간 자신이 버림당할 수도 있다고 생각한 것이다. 아마도 그때쯤부터 그의 인생 시나리오에 다음과 같은 '절차기억'이 저장되었을 것이다.

'호기심은 실수와 잘못을 유발한다. 나의 안전을 지키는 길은 순종뿐이다.' 이러한 절차기억이 저장된 후로, 그는 말썽을 부리지도, 문제를 일으키지도 않았다. 더 이상 아무런 호기심도 갖지 않고, 아무런 시도도 하지 않았기 때문이다. 이런 변화는 어른이 된 영훈의 연애뿐만 아니라 직장 생활에도 영향을 끼쳐 몇 년 동안 승진 기회를 여러 번 놓쳤다. 그는 더 나은 삶을 갈망했지만, 자신의 역량을 높일 수 있는 도전적인 프로젝트가 주어지거나, 리더십을 발휘해야 할 때면 뒷걸음질 치기 일쑤였다. 혹시 실수해서 질책받거나 상사를 실망시킬까 봐 두려웠기 때문이다. 그럴 때마다 그는 자신에게 이루 말할 수 없는 실망감을 느꼈다.

이렇게 영훈은 '자기 경계선'과 '자기 실망' 사이를 끝없이 맴돌았고, 그의 에너지와 자신감은 날이 갈수록 바닥을 쳤다.

정신분석학자 윌프레드 비온Wilfred Bion은 감정을 두 가지 요소로 나누었다.

(1) **알파 요소**: 수용 가능하며 참을 수 있는 감정이다. 이는 감정을 이해하고 표현할 수 있고, 자기 컨트롤을 통해 소화할 수 있다는 특징을 보인다.

(2) **베타 요소**: 참기 힘들고 폭발하는 감정이다. 이는 정서적으로 해결되지 않은 파편화된 조각으로 무의식에 영향을 미치며 강력하고 파괴적인 힘을 갖고 있다.

비온은 베타 요소를 알파 요소로 변환하는 능력을 '알파 기능'이라고 칭했는데, 이는 매우 중요한 정신적 기능이라고 할 수 있다. 정서기능(알파 기능)이 잘 발달한 어머니는 아이의 감정에 이름을 붙인다. 감정에 특정 이름이 붙으면, 그것은 수용할 수 있고 소화할 수 있으며, 변환할 수 있는 감정(알파 요소)으로 전환된다. 그러나 현실에서 일부 부모(양육자)들은 다양한 이유로 아이의 감정을 무시하거나, 부모 본인의 알파 기능이 약해서 아이가 어떠한 경험을 처리할 수 있도록 도와주기도 전에 자신의 절제력을 잃어버리곤 한다.

영훈의 아버지는 온종일 힘들게 일하고 집에 돌아와서 자신이 아끼던 물건을 아이가 망가뜨렸다는 사실을 알게 되자, 자신의 감정이 어떤지 파악하기도 전에 참을 수 없는 분노에 휩싸였다. 그리고 제어할 수 없는 그 강렬한 분노를 아이에게 무자비하게 퍼부었다. 아버지는 영훈이 다양한 사물에 호기심을 갖고 탐구하는 나이라는 사실을 망각했던 것이다.

사실 영훈은 단순한 말썽꾸러기가 아니라, 올바른 탐색 방법을 지도해 줄 누군가가 필요한 아이였다. 어린 영훈은 아버지가 쏟아낸 분노의 감정을 소화하지 못했기 때문에 '내가 나쁜 짓을 했어. 이제 아빠는 나를 사랑하지 않을 거야.'라고 생각할 수밖에 없었다. 부모의 사랑을 잃는 것은 모든 아이가 가장 두려워하는 일이기에, 영훈의 '인생 시나리오'에 그날의 일은 아마 이렇게 기록됐을 것이다.

'내가 잘못하면 아빠는 나를 더 이상 사랑하지 않을 거야. 아빠가 화를 내고 때리는 건 나를 사랑하지 않는다는 증거지. 그러니까 앞으로 이 재미있는 것들을 더 이상 탐구해서는 안 돼. 내가 얌전하게 굴고 아무것도 만지지 않으면 아빠는 화내지 않고 나를 계속 사랑

해 줄 거고, 아빠 마음속에 착한 아이로 남게 될 거야.'

'천재'와 '쓰레기'의 경계에서 길을 잃다

모든 사람은 자신만의 정체성을 갖고 있으며, 이 정체성은 각기 다른 성격적 특징을 보인다. 그중 어떤 이들은 천국과 지옥을 넘나드는 롤러코스터처럼 불안정한 정체성 때문에 늘 자신의 가치를 의심하며 살아간다. 그들은 자신이 성과를 이루어 낸 순간조차 불안감과 자신에 관한 불신을 떨치지 못한다.

사례 2

지성과 미모를 겸비한 소영은 자신의 부모님을 이렇게 표현했다. "우리 부모님은 저를 끔찍이 아껴주세요. 제 생활에 간섭을 좀 많이 하시긴 하지만 그것 또한 사랑의 표현이 아닐까요?"

대학 입시 전까지, 모든 시험마다 우수한 성적을 받았고 행동까지 어른스러웠던 그녀는 언제나 부모님의 자랑이었고 이웃들에게는 '엄친딸'의 상징이었다. 그런데 안타깝게도 수능 시험에서 실력 발휘를 하지 못해 원하던 명문대에 가지 못하고 평범한 대학에 입학하게 되었다. 그리고 그때부터 부모님의 태도가 차갑게 돌변했다. 아버지는 심지어 주변 사람들에게 소영이가 갑자기 심하게 아파서 시험을 망친 것이라고 거짓말을 하기도 했다.

대학 입시 실패 후, 소영은 극심한 억울함과 곤혹감에서 쉽게 헤어 나오지 못했다. 사실 그때 그녀에게 가장 절실했던 것은 부모님의 공감과 위로였지만, 충격에 빠진 부모님께 그 어떤 것도 바랄 수 없었다. 부모님은 그녀가 원망스러운 듯 이렇게 묻고 또 물었다.

"도대체 왜 시험을 망친 거야? 왜!"

소영은 무엇이 어떻게 잘못됐는지 알 길이 없었기에 부모님의 채근에 아무런 대답도 할 수 없었다. 그녀는 수많은 밤을 뜬눈으로 지새우며 마음속으로 다짐했다.

'기필코 명문대 대학원에 합격해서 부모님을 더 이상 수치스럽게 만들지 않을 거야.'

4년 후, 소영은 원하던 대학원에 합격했고 그 이후 박사학위도 취득했다. 그러나 여전히 단 하루도 편하게 잠을 자지 못했고, 쉬는 날도 없이 거의 모든 시간을 연구실에서 보냈다. 사실 연구실에서 일하는 시간만이 그녀가 마음의 안정을 찾고 자신의 존재를 느낄 수 있는 유일한 시간이었다.

연구실에서 소영은 모르는 사람이 없을 정도로 유명했다. 동료들은 똑똑하고 성실한 소영을 '에너자이저'라고 부르며 추켜세웠지만, 실제로 그녀와 가깝게 지내려고 하는 사람은 많지 않았기에 그녀는 동료들이 모두 자신을 싫어한다고 생각했다. 때로 어떤 동료들은 장난스럽게 이런 농담을 던지기도 했다.

"소영 씨처럼 능력 있고 똑똑한 사람이 그렇게 성실하기까지 하면, 우리 같이 평범한 사람들은 어떻게 살라는 거야?"

그녀는 이런 말을 들을 때마다 매우 난감했다. "난 전혀 능력 있는 사람이 아니야."라고 받아치면 주변에서 늘 눈살을 찌푸리기 때문이다. 심지어 어떤 동료는 대놓고 "너 참 가식적이다."라며 쏘아붙이기도 했다. 그런 날이면 소영은 어김없이 밤잠을 설쳤다. 그 몽롱함 속에서 헤매다 보면 수능 시험 결과가 발표되었던 그날 오후의 기억이 불현듯 찾아왔다.

어머니는 방에서 조용히 흐느끼고 있었고, 늘 체면을 중시했던 아버지는 왜 소영을 제대로 돌보지 않았냐며 어머니를 질책하다가 혹시 점수가 잘못된 건 아닌지 학교에 몇 번이고 전화를 걸어 재차 확인했던 그날을. 그때 소영은 마치 버림받은 아이처럼 방 안에 웅크리고 앉아 있었다. 아무것도 물어볼 수 없었고 눈물조차 나오지 않았다.

'능력이 없으면 살 가치가 없는 걸까?' 그녀의 깊은 두려움과 좌절감을 어루만져 주는 사람은 아무도 없었다.

그때의 상처 때문이었을까? 소영은 단 한 번도 자신이 이루어 낸 성과를 마음껏 즐기지 못했다. 모든 '전투'가 끝날 때마다 그녀의 유일한 관심사는 그저 자신의 합격 여부였다. 그녀의 사전에서 실패는 곧 파멸이었기 때문이다.

그러던 어느 날, 소영은 자신이 공들여서 제출한 중요한 프로젝트가 불합격되었다는 소식을 듣고 갑자기 공황 상태에 빠져 병원으로 급히 이송되었다.

그 후, 그녀는 상담실을 찾았고 나를 보자마자 이렇게 말했다. "이제 좀 살 것 같아요. 드디어 저에게도 쉴 수 있는 명분이 생겼네요."

우리네 인생이 롤러코스터처럼 오르내림을 반복한다고 하더라도 그럴 때일수록 내면의 중립을 유지하는 것이 중요하다. '안정'된 자아 정체성은 어려운 상황을 딛고 재도약하기 위한 기반이자, 높은 곳에서 떨어지는 충격을 완화하는 안전 매트이기 때문이다.

소영은 어린 시절부터 극단적으로 이분화된 평가를 받으며 살아왔다. 부모님은 그녀가 1등을 하면 세상에서 가장 훌륭한 아이인 것처럼 떠받들었지만, 1등을 하지 못하면 갑자기 차갑게 돌변하여 노력이 부족하다고 질책했다. 마치 천재였던 아이가 부모님의 위로와 보살핌조차 받을 자격이 없는 '가문의 수치'로 전락하는 듯했다.

어떤 부모들은 '엄격함은 사랑이고, 관대함은 해악이다'라는 교육철학을 갖고 있다. 그들은 아이에게 벌을 주고 무섭게 대하는 것을 '엄격함'으로 여기고, 사랑을 표현하는 것을 '독'으로 여긴다. 이 같은 방식을 고수하면 무조건적인 사랑이 조건부 사랑으로 변모하고, 아이의 퍼포먼스에 따라 사랑을 표현하는 형태가 극단적으로 바뀐다. 결국 소영이 그랬듯, 아이들의 인생 시나리오에 '성공하지 못하면 나는 쓰레기다'라는 영원히 지워지지 않는 한 문장이 기록되는 것이다.

이 세상의 모든 '소영이'에게 '휴식'은 퇴보와 실패를 의미한다. 그래서 그들은 오늘도 아무리 뛰어도 닿지 않는 결승선을 향해 쉬지 않고 달리고 있는 것이다.

아이의 낮은 자존감은 부모에 대한 충성이다

엘리트 코스를 밟고 명문대를 졸업한 후 화려한 직업과 행복한 가정까지 이룬 사람들. 아마 여러분 주변에도 이런 사람들이 있을 것이다. 그들에게 자녀가 있다면 자녀들 역시 좋은 학교에 다닐 것이며, 그 가족은 언제나 주변 사람들의 주목을 받고 부러움을 살 것이다. 그러나 그런 사람들도 나이가 중년에 접어들면 때늦은 방황을 하기도 한다. 자신이 소유한 모든 것이 부질없게 느껴지고 삶의 의미를 잃어버린 듯 허탈감에 빠진다. 이런 상황에서 어떤 사람들은 이혼을 생각하기도 하고, 갑자기 전업하는 등 마치 멀쩡한 삶을 일부러 '망치려고' 애쓰는 것처럼 보인다. 그리고 어떤 사람들은 방황하는 감정을 겉으로 드러내지는 않지만, 내면에 큰 공허함과 결핍을 안고 살아가기도 한다.

사례 3

상담실에서 그를 처음 만났을 때, 민우는 이렇게 말했다.

"저는 사실 아무런 문제가 없어요. 뭐든지 배우는 것을 좋아하기 때문에 심리상담이 어떤 것인지 궁금해서 온 것뿐이에요."

그래서 나는 그의 이야기를 최대한 많이 들어야겠다고 생각했다. 민우는 학업부터 직업, 연애, 결혼, 출산까지 그의 인생은 모든 것이 순조로웠고 늘 마음먹은 대로 이루어졌다. 그렇게 한참을 막힘없이 이야기하던 그가 갑자기 말을 멈추고 머뭇거렸다.

"아, 그런데 말이에요…."

그는 잠시 멈칫하더니 다시 말을 이었다.

"갑자기 작은 고민이 하나 생각났는데 아마도 선생님께 조언을 들을 수 있을 것 같네요.

저는 사적으로 사람들과 만나는 자리에서 누군가 뭘 물어보면 대답을 잘하긴 하지만 사실 그런 사교 모임 자체를 좋아하지 않아요. 새로운 사람들을 알아가며 친해지는 것이 지루하게 느껴지죠. 선생님, 전 어떻게 하면 사교를 즐길 수 있을까요?"

나는 이 질문의 진짜 의도를 이해하고 싶었다.

"만약 민우 씨가 사교를 즐기게 되면 어떤 변화가 생길까요?"

"제 직업상 고객이나 동료와 좋은 관계를 맺는 것은 매우 중요하기 때문에 사교적 기술은 필수죠. 만약 제가 사교를 즐기게 된다면, 사람들에게 더 자연스럽게 다가갈 수 있겠죠. 저와는 달리 다른 사람들과 교류하는 것을 즐기는 동료들을 보면 저도 모르게 부담감을 느끼거든요."

나는 조금 더 자세히 알고 싶어졌다.

"그럼 '다른 사람들과 교류하는 것을 즐기는' 동료들이 사교 모임에서 어떤 모습을 보이는지 구체적으로 설명해 줄 수 있나요?"

그는 고개를 끄덕이며 대답했다.

"정말 좋은 질문이네요. 안 그래도 제가 유심히 관찰해 봤는데, 동료들은 고객들과 공통의 관심사나 취미를 쉽게 찾아내고, 심지어 주말에 함께 교외에 나가 모임을 갖기도 해요. 이렇게 고객들과 자주 만나니까 좋은 관계가 자연스럽게 유지되더라고요. '집돌이'인 저는 꿈도 못 꿀 일이긴 하지만, 사실 집에 누워있어도 이런 것들을 고민하느라 편하게 쉬지도 못하긴 해요."

민우와의 첫 번째 상담이 끝날 무렵, 나는 그에게 다음 주 같은 시간에 다시 만나자고 제안했다. 그리고 일주일 후, 그는 나를 만나자마자 잔뜩 기대에 찬 표정으로 물었다.

"선생님! 제가 사교를 즐길 수 있는 방법을 찾아내셨나요?"

나는 솔직하게 말했다.

"아직 구체적인 방법은 찾지 못했어요. 제 생각엔 민우 씨가 사교를 즐기는 것을 방해하는 요소가 무엇인지 먼저 살펴보는 것이 좋을 것 같아요."

그는 이에 동의하며 준비됐다는 듯 말했다.

"그럼 우리 바로 시작하죠."

익숙한 긴장감이 밀려오며 나는 자신을 최대한 객관화시키려고 노력했다. 나의 모든 에너지를 한꺼번에 쏟아내야 하는 이 과정은 언제나 쉽지 않은 일이다.

'목표 지향적'이지 않은 나의 상담 스타일에 그가 실망할 수도 있지만, 그래도 나는 꿋꿋하게 질문을 던졌다.

"어린 시절부터 지금까지, 민우 씨가 좋아하는 활동이나 취미에 대해 얘기해 줄 수 있을까요?"

순간 그의 눈빛에 당혹감이 스쳤다. 그러나 다른 사람을 실망시키는 것을 싫어하는 성격 때문인지 그는 잠시 고민하다가 입을 열었다.

"저는 어릴 때부터 딱히 좋아하는 게 없었어요. 굳이 꼽으라면 모든 것을 가능한 완벽하게 하는 것을 좋아했죠."

그의 말을 듣고 나는 잠시 생각에 잠겨 있다가 조심스럽게 물었다.

"생각해 보니, 민우 씨는 사교적인 사람이 되고 싶어 하지만 사실 그런 만남을 전혀 좋아하지 않아요. 그런데 왜 싫어하는 일을 억지로 좋아하려고 자신에게 강요하는 거죠?"

이 복잡하면서도 진실한 감정을 말로 표현하고 나니 마음이 한결 가벼워졌다. 이에 그는 한동안 침묵하다가 이렇게 말했다.

"선생님이 좀 전에 저에게 무엇을 좋아하냐고 물으셨을 때, 사실 한 가지가 떠오르긴 했어요. 바로 공상과학 소설 읽기예요. 저는 초등학교 5학년 때 한동안 SF 소설에 푹 빠져서 매일 매일 읽었고, 직접 쓰기도 했어요. 실제로 수십만 단어에 가까운 소설 한 편을 쓴 적도 있었죠. 그런데 부모님은 제가 SF소설을 읽을 때마다 질색하며 싫어하셨고, 늘 '그건 공부에 방해된다, 시간 낭비다'라고 꾸중하셨어요. 그럴 때면 저는 성적에 절대 영향을 끼치지 않겠다고 약속했죠. 그러다 한번은 시험을 크게 망친 적이 있었는데, 그때 특히 어머니가 불같이 화를 내셨어요. 시험 성적 때문에 선생님과 학부모 면담을 하고 돌아오신 어머니는 일주일 동안이나 저에게 말을 걸지 않으셨죠. 심지어 아버지는 제 컴퓨터에 몰래 접속해서 제가 쓴 소설을 모조리 삭제해버렸어요."

이야기를 끝낸 민우는 안경을 고쳐 쓰고 나를 쳐다보며 말했다.

"선생님, 저한테 이런 면이 있는지 모르셨죠. 사실 전 그렇게 재미없는 사람이 아니에요."

그리고 그는 마치 나의 반응을 즐기는 듯한 알 수 없는 표정을 지어 보였다.

내리사랑이 '조건 없는 사랑'이라면, 치사랑은 '자아가 없는' 사랑이다. 자신의 취향이나 욕망이 부모의 뜻과 상충할 때, 아이들은 자신의 마음을 억누르고 부모의 기대를 따른다. 자신의 취향과 욕망이 바탕이 되어야만 진정한 자아를 찾을 수 있다고 해도 아이들에게 부모의 사랑을 얻는 것보다 더 중요한 것은 없기 때문이다. 그래서 아이들은 자아를 있는 그대로 표현해야 할지, 아니면 부모의 기대에 순종해야 할지를 고민하다 진짜 자신을 숨긴 채 후자를 선택하곤 한다.

부모님은 민우의 성적이 떨어지고 그에게 걸었던 기대가 무색해지자, 이에 대한 벌로 그가 쓴 소설을 모조리 삭제해버렸다. 그 순간, 그는 자아 표현과 진짜 욕망을 포기하고 부모님의 기대에 순종하기로 결심했다. 결국 그는 높은 연봉을 받는 '훌륭한 사람'이 되었고, 조건에 맞는 여성과 새 가정까지 꾸리며 부모님의 기대를 충분히 만족시켰다. 마치 그는 '완벽하게 성공하기' 게임 속에서 열심히 미션을 완수하는 캐릭터 같았다. 그리고 그 게임의 실제 플레이어는 그가 아닌 부모님이었다.

그러나 민우의 내면에 숨겨진 분노와 원한은 이 게임 속의 캐릭터처럼 마냥 순종적이지만은 않았다. 자아가 억눌리면서 그는 점점 숨통이 막히는 듯했고, 부모의 의지에 반항(부모가 원하는 쪽으로 성장하지 않는 것)하고 싶다는 반발심이 커져만 갔다. 그리고 게임이 끝나갈수록 압박감이 더 무겁게 그를 짓눌렀다. 모든 미션을 성공적으로 통과할 때마다 그의 정체성과 존재감이 점차 희미해졌기 때문이다.

한 사람의 존재감은 개인의 특수성에 기반을 둔다. 이 특수성은 능력 자체뿐만 아니라 능력을 사용할 때 자연스럽게 나타나는 성향을 포함한다. 자신의 특수성을 기반으로 삶을 영위하고 자아를 발전시킬 때, 진정으로 사랑받고 있음을 경험하고 자신의 가치를 느낄 수 있다. 간단히 말해, 모든 사람은 자신의 있는 모습 그대로 사랑받기를 원한다. 하지만 민우의 부모님은 그런 사랑을 주지 못했다. 그들은 마치 사랑이라는 이름으로 '네가 내 말을 잘 들으니까 너를 사랑하는 거야'라고 속삭이는 듯하다. 그리고 이 사랑은 철저하게 설정된 각본 속에 녹아들어 그를 '완벽하게 성공하기' 게임의 캐릭터로 만들었다. 이 게임은 그의 진정한 의지와 욕망을 집어삼켰고 언제라도 허무하게 끝나버릴 것처럼 위태로웠다.

어린 시절 민우는 자기만의 취향과 열정을 갖는 것은 위험하다고 느꼈다. 스스로 무언가에 관심을 느끼기 시작하면, 부모를 향한 사랑이든, 자신을 향한 사랑이든 둘 중의 하나는 '파괴'해 버려야 했기 때문이다. 어린아이에게 부모에 대한 사랑을 파괴하는 것은 자신을 파괴하는 것과 동급이었기에 그는 언제나 한 치의 망설임도 없이 자신의 즐거움을 무너뜨리는 것을 선택했다. 그때만 해도 그는 이 선택이 언젠가는 '부모의 게임'을 파괴하는 길로 이어질 것임을 알지 못했다.

민우는 결국 시작도, 끝도 없는 뫼비우스 띠에 올라탄 것처럼 인생의 모든 것이 가짜이며, '파괴'야말로 유일한 탈출구라고 생각했다. 아무리 헤매도 진정한 나를 찾는 출발점을 찾을 수 없었기 때문이다.

서랍 속 진짜 재능을 꺼내 보여라

우리가 살면서 이루어낸 성공적인 경험들은 차곡차곡 쌓여 나만의 고유한 '역사박물관'이 된다. 이 박물관의 문을 열면, 그 안에는 내가 그동안 지켜왔던 신념들이 고스란히 보존되어 있다. 이 신념들은 나는 사랑을 받고 자랐고, 누군가가 나를 믿어주었으며, 나 스스로를 믿었기 때문에 성공했다는 것, 그리고 노력과 헌신이 값진 보상을 가져오며 고된 준비와 연습이 변화를 가져온다는 것을 상기시켜 준다. 또한 이미 어떤 일을 성취한 경험이 있고, 고생 끝에 얻는 행복이 무엇인지 잘 알기에 언제든지 충분히 다시 도전할 수 있다고 응원해 주기도 한다.

그러나 어떤 사람들은 자신의 성공에 마음껏 기뻐하지 못하고,

이를 통해 자신감을 얻지도 못한다. 마치 그들의 자아에 '불가능'이라는 지워지지 않는 이름표가 달려 있는 것처럼 말이다.

사례 4

오늘도 재희는 동료들과 이런저런 갈등을 겪은 것에 관해 상담실에서 고자질하듯 털어놓았다.

"동료들이 절 싫어하는 게 확실해요. 저를 믿지도 않고 제가 하는 일이 조금만 늦어져도 얼마나 눈치를 주는지 몰라요. 그뿐인 줄 아세요? 다 같이 고생해서 어떤 일을 성공적으로 끝내도, 자기네끼리만 기뻐하고 저를 칭찬하거나 제 공로를 인정해 주는 사람은 아무도 없다니까요."

이 말만 들으면 그녀는 회사에서 가장 많은 일을 하는데도 가장 억울한 대우를 받는 사람처럼 느껴진다.

그녀는 늘 그랬듯 한바탕 털어놓고 나서 내 눈치를 살피며 물었다.

"선생님, 전 어떻게 해야 할까요?"

나는 이럴 때마다 딜레마에 빠진다. 그녀가 고통을 겪고 있다는 것은 명백한 사실이기에 내가 아무런 조언도 해 주지 않으면 나를 무관심한 방관자라고 생각할 것이다. 그렇다고 내가 조언을 해 주면, 예를 들어 어떤 대안을 단지 '고려'해 보라고만 해도 그녀는 기다렸다는 듯 그것이 불가능한 이유를 줄줄이 나열하기 시작한다. 한마디로 재희는 마냥 억울하고 괴로울 뿐이었다. 그녀는 내가 미처 입을 열기도 전에 체념하듯 말했다.

"괜찮아요. 선생님이라고 해서 모든 일에 조언을 해 주실 수는 없죠. 조언을 안 해 주셔도 실망하지 않을게요. 그냥 혹시나 해서 물어본 것뿐이에요."

갑자기 그녀가 너무도 가벼운 말투로 툭 던지듯 말하자, 정말 나에게 아무런 기대를 하지 않는 것이 아닐까 의심스러울 정도였다.

어릴 적 그녀는 어떤 대회를 나가든 상장과 트로피를 휩쓸어 오는 그야말로 대단한 아이였다. 그런데 그녀의 어머니는 항상 "상이 무슨 대수니! 당연히 받아야 하는 거 아니야?"라고 말하며 그녀가 받아온 상을 무심하게 서랍 안에 툭 넣어버리곤 했다. 어머니는 딸이 자만하지 않고 앞만 바라보며 열심히 노력하기를 바랐던 것이다. 심지어 어머니는 그녀에게 잘난 체하다가 화를 입은 사람들의 비극적인 이야기를 자주 들려주기도 했다.

내가 그때의 감정을 묻자, 그녀는 담담하게 말했다.

"기분이 좋진 않았던 것 같아요. 다른 부모님은 2등 상만 받아와도 잘했다고 칭찬해 주시는데, 저희 부모님은 아무런 반응도 없었으니까요. 어머니는 항상 '이미 받은 성적은 과거일 뿐이야. 신경 쓰지 말고 계속 노력해야 해.'라고 말씀하셨어요. 그래서 저도 지금은 상을 받는 게 뭐 그리 대단한 건가 싶어요. 그럼 그때의 저는 상을 받았을 때 기뻤냐고요? 조금은 기뻤겠죠. 그런데 그 기쁨의 크기는 아마도 요만큼(약지와 검지를 구부려 작은 틈을 만들며)보다 조금 더 작았을 거예요. 사실 전이 약간의 기쁨에도 두려움을 느꼈어요. 저도 잘난 체하다가 화를 입은 그 사람들처럼 될까 봐 무서웠거든요."

"그동안 재희 씨의 이야기를 들으며 궁금했던 게 있어요. 지금까지 당신은 수많은 프로젝트를 성공적으로 끝냈고 거의 실수하는 법도 없었어요. 게다가 당신이 이끄는 팀은 그야말로 최정예 멤버로 짜여 있죠. 그런데 재희 씨는 매번 프로젝트를 진행할 때마다 불면증에 시달리며 불안에 떨어요. 마치 그동안 차곡차곡 쌓아 왔던 성공적인 경험들이 당신에게 그 어떤 긍정적인 효과도 주지 못한 것처럼 말이에요."

"맞아요. 그런 경험들이 뭐 그리 대수겠어요. 과거는 이미 지나갔는데 앞으로의 성공까지 보장할 수는 없잖아요."

"그 관점에는 동의해요. 새로운 프로젝트는 또 다른 새로운 경험이니까요. 다만 제가 하고 싶은 말은, 재희 씨가 수많은 성과를 이뤄내고 성공적인 경험을 겪었어도 이를 통해 미래에 대한 자신감을 얻지 못했다는 거예요. 성공적인 경험들은 힘들게 쌓아 올리자마자 물거품처럼 허무하게 사라져 버리는 것 같아요. 그러면 불안감이 느껴질 때 이런 과거의 경험이 아무런 도움이 되지 못하죠."

"선생님의 말씀을 들으니 문득 중학교 때 읽은 시 한 소절이 생각나네요."

"너무 기뻐하지 마, 슬픔을 깨울 수도 있어."

학창 시절 재희가 100점 맞은 시험지를 들고 오면, 부모님은 "한 번 100점을 받는 건 의미 없어. 매번 100점을 받는 게 진짜 능력이지!"라고 말씀하셨다. 이러한 교육철학은 부모님 본인의 성장 경험에서 영향을 받았을 것으로 보인다. 아마 그녀의 부모님은 '지금의 성공이 미래의 성공을 보장하지 않는다. 미래에 성공하지 못하면 지금의 성공도 함께 묻혀 버린다.'라는 메시지를 그녀에게 심어 주고 싶었을 것이다.

결국 그녀의 마음속에는 다음과 같은 신념이 굳게 자리 잡았다.

'내 인생에는 오로지 100점밖에 없어. 그리고 아무리 큰 성과를 얻어도 최대한 기쁨을 자제해야 해. 좋은 일은 순식간에 과거가 되어 사라지고, 앞으로 어떤 일이 닥칠지 모르는 법이니까.'

비록 우리의 인생이 순리대로 되지 않거나 통제하기 어려울 때도 있지만, 자신의 노력이 결과로 이어진다는 연관성을 깨닫는다면 그 속에서 통제력을 얻을 수 있다. 그리고 이 통제력은 자신감을 불러

일으켜 더 적극적으로 세상을 탐험하며 내면의 힘을 기르게 될 것
이다.

　서랍 깊숙한 곳에 방치된 상장과 트로피들은 재희의 자신감을 키
워주기는커녕, 무질서한 세상에 관해 깊은 불신만 낳았다. 그녀의
인생 시나리오에서 그 어떤 성과나 업적도 힘이 되지 못했기에, 결
국 그녀는 노력하는 과정도, 성공을 이뤄낸 결과도 모두 즐길 수 없
었다.

나와 세상 사이에
징검다리가 되는 것들

'내면 탐구'_ 나를 들여다보다

일반적으로 '나는 누구인가'라는 주제는 자아정체성을 가리킨다. 자아정체성은 '자아동일성'이나 '아이덴티티'로 불리기도 하며, '나는 누구인가, 나는 어떤 사람인가, 나는 나 자신을 어떻게 정의하는가'와 같은 자신에 대한 인식과 묘사를 의미한다. '나는 누구인가'는 평생에 걸쳐 발전하는 과정이자, 끊임없이 변화하고 만들어지는 과정이다.

미국 심리학자 고든 올포트Gordon Allport의 자아발달 이론에 따르면, 개인의 자아 인식은 '생리적 자아, 사회적 자아, 심리적 자아'라는 세 단계의 탐구 과정을 거친다. 나는 이 책에서 심리적 자아를 주로 다루었다. 우리는 어떻게 자아 정체성을 구축해야 하며, 이 과정에서 어떤 어려움이 발생할 수 있는지, 그리고 이러한 어려움이 자아 수용에 어떤 영향을 미치는지 등의 문제들을 충분히 고민해야 한다.

자아 정체성의 발달 과정을 이해하면 내적 갈등을 파악하는 데 도움이 된다. 내적 갈등은 자신의 진짜 모습을 받아들이지 못하는 것과 관련 있다. 우리는 현재 자신의 발목을 잡고 있는 과거와의 연결고리를 끊고, 새로운 자아 정체성을 구축해야 한다. 마치 경험이 풍부한 원예가가 식물을 키우는 것처럼, 꽃이 한참 동안 피지 않거나 시들어 가면 그 원인을 파악하여 시든 가지와 잎을 잘라내고 다시 생명력을 되찾을 때까지 기다려야 하는 것이다. 앞의 사례자인 영훈의 경우, 만약 자신이 연애를 못 하는 이유가 스스로를 있는 그대로 수용하지 못하는 자아 정체성의 문제와 관련 있다는 사실을 일찍이 깨달았다면, 그는 연애 상대를 찾는 것에 급급해하기보다 자기 자신을 파악하는 데 더욱 집중했을 것이다.

내 안의 '나'와 진솔한 대화를 통해 '나 자신'이 누구인지, 어떤 특징이나 관심사를 갖고 있는지, 지금 겪고 있는 고충이 무엇인지 등을 충분히 이해하면, 진정한 자아 탐구의 여정이 시작된다.

호기심을 갖고 자기 자신에게 가까이 다가가서 자아를 탐색하고 발견하다 보면 일상생활 곳곳에서 자연스러운 변화가 일어날 것이며, 진짜 내 모습을 수용하면서 더 큰 자신감을 얻게 될 것이다.

'자아정체성'_ 피할 수 없는 인생 과제

심리학자 에릭 에릭슨^{Erik Erikson}의 사회심리 발달 단계 이론에 따르면, 개인이 일생 동안 겪는 심리적·사회적 변화는 총 8개의 단계로 나누어지며, 그중 다섯 번째 단계는 청소년기(12~18세)이다. 이 시기의 청소년은 자아 정체성^{identity}과 역할 혼란^{role confusion} 간의 갈등을 겪게 된다. 자아 정체성은 개인이 자기 자신에 대해 안정적이고 일관된 인식을 갖고, '나는 누구인가?' 또는 '어떤 사람이 되고 싶은가?'와 같은 질문에 대한 답을 확립하는 것이다.

또한 자신의 과거, 현재 및 미래를 조직화하여 유기적으로 통합함으로써 자신의 이상과 가치관(또는 자아 발전과 관련된 다른 중요한 주제들)을 보다 명확하게 생각하고 수립하는 한편, 이상 실현을 위해 적극적으로 노력하고자 하는 능력을 의미한다.

자아 정체성 발달에 적신호가 켜지면, 정체성 통합의 불균형 문제가 발생하여 내적 혼란과 모순된 감정에 빠지고 무언가를 쉽게 결정하지 못하게 된다. 이는 막대한 정신적 자원을 소모하기 때문에 자신이 원하는 것을 탐색하고 성취하는 과정을 지체시키고, 자존감 발달에 악영향을 끼친다.

자아 정체성 발달에 어려움을 겪는 사람은 앞서 언급한 사례자 소영처럼 때로는 어떤 목표나 도전도 다 해낼 수 있다는 자신감 넘치는 모습을 보이다가도, 때로는 아주 사소한 일도 버거워하고 '나는 할 줄 아는 게 아무것도 없다'고 느끼는 무력감에 빠지기도 한다. 이러한 혼돈과 혼란이 거듭되면 어느 날은 댄스 스타가 되기를 열망했다가, 어느 날은 과학자가 되어 학문의 뜻을 이루겠다고 다짐했다가, 또 어느 날은 자신의 예술성을 표현하고 싶다며 화가에 관심을 보이기도 한다.

자신이 진짜 원하는 것이 무엇인지, 앞으로 어떤 직업을 선택해야 하는지, 상대와 더 깊은 관계로 발전해야 하는지 등의 중요한 선택 앞에서 한참을 망설이며 결정을 미루다 보면, 자기도 모르는 사이 전혀 다른 길을 걷게 된다. 그 길에 들어서면 무엇이든 다 할 수 있다고 생각만 할 뿐, 실제로는 단 한 발자국도 내딛지 못한다. 그리고 때로는 직장을 수없이 옮기거나, 숱한 만남과 이별을 반복하기도 한다. 하지만 한 분야나 관계에 안정적으로 정착하지 못하면 성취감이나 만족감을 느끼지 못하고 깊은 좌절감과 낮은 자신감만 남을 뿐이다.

자아 정체성은 어느 누구도 대신 발달하게 해 줄 수 없다. 예를 들어 사례자 영훈의 부모님은 그가 상처 입거나 좌절할까 봐 모든 일을 대신 처리해 주려고 했다. 그들은 영훈의 사소한 일상생활부터 전공 선택까지 모든 것을 결정하는 데 깊숙이 관여했고, 영훈은 그저 부모님이 하라는 대로 따르기만 하면 됐다. 결국 그는 자신을 탐색할 시간을 충분히 갖지 못하고 자아 정체성의 성장 기회를 놓쳐버렸다.

영훈의 부모님은 그를 대신해 모든 결과와 위험을 감수하려 했고, 통제 가능한 상황에서는 이 모든 것이 순조롭게 진행되는 듯했다. 그러나 부모님의 경험이나 노하우가 영훈의 인생 과제에 적용되지 않자, 특히 연애나 결혼, 출산, 직장, 친구 관계 등과 관련해서 구체적인 조언을 받지 못하자 영훈은 다시 질풍노도의 청소년기로 회귀하고 말았다.

'나의 이상형은 어떤 사람이지? 나는 어떤 연인관계를 원하지? 나는 어떤 결혼과 가정을 원하지? 전문 기술을 키워야 할까 아니면 경영 기술을 개발해야 할까?' 한 치 앞도 보이지 않는 막막함과 불안감은 영훈을 더욱 고통스럽게 만들었다. 30대 초반의 어엿한 어른이 청소년기의 혼란스러움에 빠져 방황하는 것이다. 그의 유일한 해결책은 다시 원점으로 돌아가 '자아'를 탐색하고 '확립'하는 것이었다. 나의 감정과 생각을 읽어가며 진정한 자아를 발견하고, 나와 유사한 공감대를 가진 사람들을 벗으로 삼으며, 나만의 독특한 개성 또한 기꺼이 받아들여야 했다.

심리 상담사와 내담자 사이에는 안전한 경계선과 유연한 '공간'이 존재한다. 상담사는 이 공간을 통해 영훈과 같은 사람들이 타인과의 상호작용을 통해 느끼는 독특하고 복잡한 감정들을 탐색하고 체험하며 수집할 수 있도록 도와줄 수 있다. 그리고 이러한 감정의

집합은 진정한 자아를 구축하는 기반이 된다.

'마음의 주선율'_ 내적 목소리의 통솔자

'나는 누구인가?'를 이해하는 것뿐 아니라 자신을 정의하고 창조하는 것 또한 중요하다. 자아 정체성을 창조한다는 것은 새로운 옷을 입는 것과 같다. 이를 위해 부모님, 선생님, 코치, 영화배우, 운동선수 등 누구든지 자신의 롤모델이 될 수 있다. 우리는 모방과 공감의 단계에서 창조와 초월의 단계로 넘어가면서 끊임없이 자문해야 한다.

'나는 어떤 사람인가? 나는 어떤 가치를 중요하게 생각하는가? 나는 어떻게 현재의 나로 성장하게 되었는가? 미래에 어떤 삶을 살고 싶은가?'

사람은 매우 복잡한 존재이기에 한 가지 정체성만으로 설명할 수 없다. 우리는 누군가의 자녀이기도 하고 부모이기도 하며, 학생이면서 선생님이기도 하다. 또한 낮에는 평범한 직장인이었다가 저녁에는 과감한 사업가가 되는 사람도 있다. 보통 '나는 누구인가'에 대한 질문에 자신의 직업으로 정의를 내리곤 하는데, 사실 '나는 누구인가'는 단 하나의 명함으로 제한할 수 없다. 한 가지 특정 역할만 지나치게 강조하면 인간의 다양성과 유연성을 망각하고 그 틀에 갇히게 된다.

'나는 어떤 사람인가?
나는 어떤 가치를 중요하게 생각하는가?
나는 어떻게 현재의 나로 성장하게 되었는가?
미래에 어떤 삶을 살고 싶은가?'

심리검사의 중요한 특징 중 하나는 개인의 '자기 서술' 능력을 평가하는 것이다. 자기 서술 능력은 지인에게 이야기하는 방식으로 자신의 스토리를 명확하게 풀어내고, 인생 경험의 본질과 의미를 표현하는 능력을 의미한다. 자기 서술을 통해 자신의 경험과 감정, 생각을 공유하면서 다른 사람의 이해와 공감을 얻을 수 있다. 하지만 이는 결코 쉬운 일이 아니다. 자신의 이야기를 잘 풀어내려면 자신의 경험을 일관적, 논리적, 성찰적으로 공백 없이 조화롭게 조직해야 하기 때문이다.

탁월한 자기 서술 능력을 갖춘 사람은 자아 정체성을 단계적으로 확립하는 과정을 거쳐 자기 자신을 이해한다. 그리고 다양한 관계나 상황, 감정 속에서 어떤 자아가 표출되는지, 자신이 맡고 있는 역할들은 무엇인지 등을 정확히 파악하고 숙지한다. 그리고 각각의 역할은 마치 오선지 위에 있는 음표처럼 분명한 경계선을 갖고 각자의 소리를 내면서도, 연주자(주체)의 통솔하에 조화롭고 아름다운 선율을 만들어낸다.

한 사람의 주체적 경험이 이러한 방식으로 구축되지 않으면, 해리 또는 억압의 경향이 나타난다. 예를 들어, 소영은 자기 자신을 '능력자'라고 생각하기도 하고, 어리석은 '멍청이'라고 비하하기도 했다. 이러한 정체성의 전환은 손바닥 뒤집듯 무질서하게 표변되었는데, '능력자 소영'과 '멍청이 소영' 사이에 큰 괴리감이 존재했다.

심리학에서는 이러한 상태를 '해리解離, Dissociation(무의식적 방어기제의 하나로, 일련의 심리적 또는 행동적 과정을 자신의 정신활동에서 격리시키는 것 -역주)'라고 부른다. 또한 사례자 민우의 경우를 보면, 그는 겉으로는 잘나가는 엘리트처럼 보이지만, 대인관계에서는 고루하고 무력한 모습을 보였다. 심리학자들은 이를 내적 자아의 일부분이 억압된 것으로 해석한다.

왜 소영이나 민우와 같은 사람들은 좋은 학벌과 커리어를 갖췄음에도 내적으로 확신하지 못할까? 그것은 그들의 내면에 다양한 목소리가 존재하기 때문이다. 특히 자신의 다양한 역할을 평가할 때 극명하게 다른 목소리가 나오는데, 안정적이고 지속적인 '주선율(내적 확신)'이 없기 때문에 여러 목소리를 조화롭게 관리하고 조직하지 못하는 것이다.

주선율이 없는 내면에서는 조화로운 선율을 만들어낼 수 없다. 갖가지 목소리가 혼재된 상태에서는 늘 초조함과 불안감을 느낄 뿐이다. 겉에 얇은 껍질을 덮어 혼돈의 목소리들이 밖으로 새어 나오지 않도록 막았지만, 안에서 그 목소리들이 서로 뒤엉켜 충돌하며 껍질에 끊임없이 충격을 가한다. 그래서 이러한 유형의 사람들은 '겉으로는 강해 보이지만 속은 텅 비어있는 사람'이라는 인상을 주곤 한다.

'인격의 연속성'_ 내적 회복 능력

학창 시절, 선생님이 우리에게 이런 질문을 하셨다.

"만약 길을 걷다가 실수로 전봇대에 부딪혀 이마에 큰 혹이 났다고 가정해 보자. 2주 후에도 이 혹은 그대로 남아있을까?" 우리는 말도 안 된다는 듯 웃음을 터뜨렸다.

"2주나 지났는데 혹이 계속 있을 리가 없죠!" 선생님은 이어서 질문했다.

"만약 2주 후에도 그 사람의 이마에 혹이 그대로 있다면? 그 사람에겐 어떤 일이 있었을까?" 이에 우리는 "혹 안에 염증이 생겼나 봐요.", "단순한 혹이 아닐지도 몰라요." 등 이런저런 의견들을 내놓았다. 그러자 선생님은 웃으며 말씀하셨다.

"그것은 그 사람이 혹이 아물지 않도록 어떤 행동을 했기 때문이야. 예를 들어 날마다 전봇대에 같은 부위를 부딪히는 것처럼. 우리의 인체는 자체 치유 시스템과 복구 능력을 갖추고 있어. 반면 자동차는 페인트만 벗겨져도 다시 덧칠하지 않으면 스스로 절대 복구되지 않지."

인간의 자체 치유 시스템과 복구 능력을 심리학에서는 원래 제자리로 되돌아온다는 뜻으로 '회복력Resilience' 또는 '회복 탄력성'이라고 부른다. 그래서 우리는 내적 회복력이 뛰어난 사람을 '탄력성이 좋다'고 표현하기도 한다. 이런 사람들은 역경 속에서도 상대적으로 안정된 심리적 건강 상태를 유지해 더욱 빠르고 효과적으로 회복한다. 마치 탄성이 좋은 고무공처럼, 순간적으로 변형되었다가도 재빨리 본래 상태로 돌아오는 것이다.

『어느 관리의 죽음The Death of a Government Clerk』은 러시아 작가 안톤 체호프Anton Pavlovich Chekhov의 단편 소설이다. 주인공 이반은 극장에서 연극을 보던 중 재채기가 터져 나와 본인보다 계급이 높은 장군의 뒷덜미에 침을 튀기고 말았다. 이반은 두려움에 떨며 "각하, 용서하세요. 제가 침을 튀겼군요. 본의가 아니었습니다."라고 즉각 사과했고, 장군은 괜찮다며 호탕하게 받아들였다. 그러나 이반은 그 말을 듣고도 제발 용서해 달라고 연거푸 사과했다. 이에 장군은 좀 귀찮다는 듯이 "알았으니 그만하고 앉아요. 공연 좀 봅시다."라고 말했다.

이반의 불안감은 더욱 커졌고 더 이상 아무 말도 하지 못했다. 다음 날, 이반은 새 관복을 말끔히 차려입고 장군의 집무실로 찾아가 다시 한번 사과했다. 장군은 미소를 보이며 자신은 벌써 잊었는데 아직도 그 얘기냐며 너그럽게 넘기려고 했다. 그러나 이반은 이에 멈추지 않고 사과를 반복하며 용서를 빌었고, 더 이상 참지 못한 장군은 소리쳤다.

"꺼져. 꺼져버리라고!"

이반은 넋이 나간 채 집에 돌아와 침대에 누웠다. 그리고 불안과 공포에 휩싸여 목숨을 잃는다.

사실 이는 현실을 풍자한 소설이다. 심리학적 관점에서 볼 때, 이반은 전형적으로 회복 탄력성이 부족한 유형이다. 자신보다 계급이 높은 장군에 대해 극도의 불안감을 느낀 그는 장군이 너그럽게 넘기려고 해도 '큰 죄를 졌다'는 생각에 사로잡혀 스스로 헤어 나오지 못했다. 그래서 이반은 장군이 자신을 용서했다는 사실을 애써 부정하고, 빌고 또 빌며 '연쇄 사과범'이 되어버렸다. 이는 결국 참아 왔던 장군의 심기를 건드리며 화를 부르고 말았다.

심리학적 관점에서 보면, 이반은 과거에 '권력'과 관련된 안 좋은 기억을 갖고 있을 가능성이 높다. 어떤 '권력자'에게 심한 대우나 상처를 입은 경험이 있기 때문에 '자라 보고 놀란 가슴 솥뚜껑 보고 놀란다'는 말처럼 지레 겁먹었던 것이다. 이반은 자신의 뇌리 속에 저장된 '나와 타인의 관계' 시나리오에 근거하여 자신의 실수가 절대 용서받지 못할 것이라고 확신했고, 과거와는 다른 '친절한' 권력자를 만났음에도 새로운 가능성을 받아들이지 못했다.

회복 탄력성이 부족하다는 것은 과거의 경험을 현재의 상황에 반복적으로 투영해 현재가 과거의 연장선이 되는 것을 의미한다. 예를 들어, 과거에 자신이 어떤 실수를 해서 상대가 노발대발하며 화를 냈다면 다른 사람들도 자신을 그렇게 대할 것이라고 생각한다.

그리고 과거에 누군가에게 냉대받은 경험이 있다면 아무도 자신을 인정해 주지 않을 거라고 단정 짓기도 한다.

이렇게 자신을 과거 속에 가둔 채 과거가 현재를 지배하게 만드는 것은, 그야말로 뱃전에 표시를 해서 잃은 칼을 찾으려는 각주구검刻舟求劍 격이라 할 수 있다. 이미 배는 멀리 떠났지만, 마음은 처음 칼이 떨어진 곳에 그대로 머물러 있는 것이다. 이런 면에서 볼 때, 회복 탄력성이 부족한 사람을 '유리 멘탈'이라고 부르는 것도 어느 정도 일리가 있다. 유리는 단단하지만 깨지기 쉽다. 그런데 고온에서는 다양한 모양으로 변형할 수 있지만, 굳어진 후에는 형태를 바꿀 수 없다. 이반의 마음 역시 단 한 번의 충격에 산산조각나 버렸기에 스스로 치유할 기회조차 얻지 못했던 것이다.

어린아이들은 매우 풍부하고 민감한 감성을 갖고 있다. 포용적인 가정환경에서 자란 아이들은 신체적인 성장과 함께 모든 희로애락의 감정을 경험하고 공유하는 법을 배우며 마음의 힘을 키워나간다. 성장 과정에서 학업이나 인간관계의 고충, 다양한 패배와 실패, 상실 등을 경험하며 깊은 좌절감과 무력감에 빠지기도 하지만, 부모(주 보호자)의 따뜻한 격려와 위안을 받으며 불안과 두려움의 감정에 지배당하지 않고 안정감을 유지한다.

이를 통해 아이들은 자신을 따뜻하게 보살피고 경청, 수용해 주는 부모님의 모습을 내면화하여, 자기 양육self-parenting 기능을 발전시킨다. 성장 과정에서 어려움에 직면했을 때, 과거에 자신의 아픔을 위로해 주셨던 부모님의 모습을 현재에 투영시켜 슬기롭게 극복해내는 것이다. 또한 불안, 짜증, 번민과 같은 부정적인 감정들을 애써 떨쳐내려 하지 않고 자연스럽게 컨트롤한다. 이러한 자기 조절력은 한 사람의 인격에서 빠질 수 없는 '자기 양육'의 구성요소이다. 타인에게 위로받은 경험을 통해 자신을 위로하는 능력을 키움으로써, 회복 탄력성과 자존감이 크게 향상되고 새로운 도전 앞에서도 매우 진취적이고 적극적인 모습을 보인다.

심리 분석 이론에 따르면, 인격의 성장은 새로운 대인관계를 경험하는 과정에서 이루어진다. 인격 성장의 중요한 전제 중 하나는 충분한 회복 탄력성을 기반으로 새로운 관계를 확장하기 위한 정서적 자원을 뒷받침하는 것이다.

미국의 발달심리학자 에미 워너Emmy Werner는 시간이 흐름에 따라 회복 탄력성 또한 변화한다는 사실을 발견했다. 사람들은 저마다 정신적 붕괴의 임계점을 갖고 있기 때문에 회복 탄력성이 높았던 사람도 큰 충격을 여러 차례 겪으면 회복 탄력성이 점차 고갈되기도 한다. 반면 회복 탄력성이 부족했던 아이들이 부단한 노력과 성장을 통해 부정적인 경험을 소화해내면서 점차 회복 탄력성을 키워나가는 경우도 있다.

그렇다면 회복 탄력성은 어떻게 변화하는 걸까?

참을 수 없는 고통,
수치심이 나를 지배할 때

'수치심'_ 결코 나의 적이 아니다

애니메이션 영화 「업Up」에서 골든 리트리버 더그는 이렇게 말한다. "창피한 깔때기는 정말 딱 질색이야! do not like the cone of shame."(깔때기Cone of shame: 작은 동물들이 상처를 핥거나 긁어 감염되지 않도록 설계된 나팔 모양의 목 보호대)

수치심은 무엇인가? 사람의 다양한 감정 중 하나인 수치심은 언제나 그림자처럼 우리를 따라다닌다. 수치심을 부끄러움, 쑥스러움, 민망함, 창피함 등의 유의어로 대체한다면 다음과 같은 경험을 떠올릴 수 있다. 비 오는 날, 길을 가다가 미끄러져서 '비 맞은 생쥐' 꼴이 되었을 때, 머릿속에 가장 먼저 드는 생각은 무엇일까? '아무도 날 본 사람이 없어야 할 텐데….' 지각 직전 회사 엘리베이터에 헐레벌떡 올라타자 갑자기 정원 초과 경보음이 요란하게 울리고 미리 타고 있던 사람들의 시선이 모두 나에게 쏠린다. 황급히 엘리베이터를 내리며 어떤 생각이 들까? '내가 그렇게 무거운가.'

그런데 사람들은 이러한 과거의 경험을 틈틈이 '곱씹는' 습관을 갖고 있다. 마치 영원히 변색되지 않는 사진처럼 마음 한구석에 고이 모셔두고 한 번씩 꺼내 보며 그때의 창피함과 민망함을 소환한다. 이는 바로 우리가 '완벽하지 않다'라는 증거이다.

'분노, 슬픔, 실망과 같은 감정'은 여러 가지 해소법을 통해 발산할 수 있다. 기분이 저기압일 때 마사지를 받거나, 화가 날 때 킥복싱을 하는 것처럼 말이다. 그러나 '수치심'은 발산이 어렵기도 하고 사람들이 가장 피하고 싶어 하는 감정 중 하나이다.

수치심을 연구한 소수의 전문가 중 한 명인 조지프 버고Joseph Burgo는 수치심을 하나의 큰 감정 스펙트럼으로 보았다. 이 감정 스펙트럼은 두 가지로 나뉘는데, 하나는 약함에서 강함을 나타내고, 다른 하나는 구체적인 것에서 일반적인 것을 나타낸다. 예를 들어, '민망함'은 구체적이면서도 약한 불편함으로 구분되고, 강도 높은 수치심(자신에 대한 근본적인 부정)은 일반적이고 지속적이며 강렬한 고통으로 구분된다고 할 수 있다.

강렬한 고통이 장기적으로 지속되면 삶에 대한 만족도가 크게 감소하고 자아 발전에 영향을 미친다. 예를 들어, 오랫동안 만성 통증을 겪는 사람들이 거의 집 밖을 나가지 않는 것처럼, 수치감에 시달리는 사람들은 자신을 마음의 문 안에 가두고 자아 성취감과 자기 효능감(자신이 어떤 일을 성공적으로 수행할 수 있는 능력이 있다고 믿는 신념 -역주)을 얻을 수 있는 기회를 스스로 차단하곤 한다. 따라서 수치감이 자아 발전을 어떻게 방해하는지 이해하는 것은 상처받은 자존감을 복원하는 데 필수적인 단계라고 할 수 있다.

물론 때로는 수치심이 긍정적인 역할을 하기도 한다. 다른 사람들에게 공개할 수 있는 것과 자신만 알고 있어야 할 것을 구분하도록 도와줌으로써 동물과는 다른 인간만의 특수성을 만들어낸다.

우리가 수치심을 논의하는 것은 이를 단지 제거하기 위함이 아니라, 수치심과 조화롭게 공존하는 방법을 찾고, 이를 우리의 삶에 긍정적으로 적용할 수 있는 대책을 탐구하기 위해서다. 육체적 통증은 신체가 두뇌에게 '이곳에 문제가 있으니 관심을 가져줘'라는 신호를 보내는 것과 같다. 마음의 고통도 이와 마찬가지다.

수치심은 우리의 적이 아니라 신체와 정신적 건강의 개선을 위해 보내는 경고장이다. 그렇다면 우리가 일상생활에서 겪는 수치심에 대해 구체적으로 살펴보자.

'외모 수치심'_ 닿을 수 없는 이상적 자아

잔뜩 기대감에 부풀어 무언가를 간절히 기다리거나, 자신의 설렘과 기대감을 주변 사람들과 공유했던 경험이 누구나 한 번쯤은 있을 것이다. 예를 들어, 3~5세의 어린아이들이 블록 놀이를 하다 멋진 성을 만들면 한걸음에 달려가 부모님을 불러온다. 그리고 부모님의 반응을 기대하며 자신이 만든 것을 자랑스럽게 소개한다. 그런데 만약 자신의 기대와 전혀 다른 상황이 벌어지면 아이는 무척 불쾌한 느낌을 경험하게 될 것이다. 부모님이 무관심하거나 차가운 반응을 보이면 아이는 크게 실망하며 본래 갖고 있던 '자기 만족감'에 회의감을 느끼게 된다.

특히 이 같은 일이 자신의 신체와 관련되었다면, 그 고통은 고스란히 자신의 몫이 된다. 이 고통이 불러오는 좌절감과 불만족은 앞서 말한 수치심 스펙트럼에 속한다고 볼 수 있다. '외모 업그레이드(체중 감량, 복근, 쌍꺼풀 수술 등)'를 목표로 삼는 것은 수치심이라는 관문에 이미 들어섰음을 의미한다. 이 목표 자체가 더 건강하고 아름다워지기 위한 목적보다 현재 외모에 대한 불만족이라는 전제에서 비롯되기 때문이다.

사례 1

혜수는 내가 지금까지 만난 내담자 중에서 가장 아름답고 우아한 여성이었다. 하지만 그녀는 행복하지 않았다. 혜수의 불행은 학창 시절부터 시작되었는데, 그 시절 그녀는 주변 사람들에게 뚱뚱하다는 말을 자주 듣곤 했다. 그녀는 다리 굵기가 보통 여자들의 두 배였으며 심지어 일부 남자들보다 더 굵었다. '비만'에 대한 예민함은 그녀가 고등학생이 되면서 정점에 달했다. 학업 스트레스로 인해 틈만 나면 간식을 먹다 보니 체중이 갈수록 늘어만 간 것이다.

혜수는 친구들에게 살쪘다는 지적을 듣기 싫어서 크고 헐렁한 옷으로 몸을 가리려고 했지만 오히려 몸집이 더 커 보일 뿐이었다. 그녀는 자신이 뚱뚱한 이유를 할머니 탓으로 돌렸다. 그녀가 어렸을 때 유독 '먹는 것'에 집착하셨던 할머니는 늘 혜수에게 많이 먹으라고 강요하곤 했다. 주변 사람들 또한 통통한 어린 혜수를 인형 같다고 칭찬하며 귀여워했다. 그런데 그녀가 성장하면서 상황은 180도 달라졌다. 성인이 된 그녀는 늘 몸무게에 집착하며 체중계 바늘이 미세하게 오른쪽으로 움직이기만 해도 큰 스트레스를 받았다. 살이 쪘다는 느낌이 들면 50킬로그램 이하가 될 때까지 며칠씩 굶고 또 굶었다.

그런데 30대에 들어서자 살 빼는 일이 예전만큼 쉽지 않았다. 우리가 상담실에서 처음 만났을 때, 그녀는 나에게 비밀이야기를 하듯 목소리를 낮춰 말했다.

"저는 달콤한 간식도, 음료수도, 밥도, 면도 다 끊었는데, 도대체 왜 계속 살이 찌는 걸까요?"

창밖을 바라보며 생각에 잠겨 있던 그녀가 다시 천천히 입을 열었다.

"저희 어머니도 저처럼 하체 비만 체형이라 다리가 짧고 굵어요. 운동을 좋아하는 편은 아니지만 건강해 보이시죠. 그런데 그거 아세요? 어느 날, 아버지가 반바지를 입은 저를 보시더니 '우리 딸, 다리가 아주 튼실하네!'라고 말씀하시는 거예요. 그때 제 기분이 어땠는지 정확히 기억나지는 않지만, 아버지의 표정은 지금도 생생해요. 분명 저를 모욕하는 표정이었어요."

순간 뜨거운 눈물이 그녀의 얼굴을 타고 흘러내렸다. 그녀는 잠시 침묵하다가 말을 이었다.

"전 남자친구도 항상 그런 말투였죠. 상담 선생님도 아시죠? 뭔가 아쉬움이 묻어나는 그런 말투요. 어느 날, 저는 큰 용기를 내서 짧은 치마를 입고 데이트에 나갔어요. 그리고 남자친구에게 '나 오늘 어때?'라고 물었죠. 남자친구는 '치마가 예쁘네. 다리만 좀 더 가늘었으면 훨씬 더 예뻤을 텐데.'라고 하더라고요. 저는 순간 얼굴이 확 달아올라서 치마를 입고 나온 걸 후회하고 또 후회했어요.

저도 이런 제 몸매가 너무 싫지만 어쩔 수 없는걸요. 어렸을 때는 모두 저를 좋아해 주었기 때문에 통통해야 귀엽고 예쁜 거라고 생각했어요. 그런데 어른이 되니 다들 저에게 뚱뚱하다고 말하고, 가족과 친한 친구조차도 다이어트를 권해요. 제가 왜 사람들에게 평가받으며 살아야 하죠? 그 이상한 시선들을 견디기가 너무 힘들어요. 투명 망토 같은 걸 입어서 아무도 저를 못 봤으면 좋겠어요."

혜수는 남자친구의 긍정적인 반응을 기대하며 자신의 매력을 조심스럽게 보여주었다. 하지만 그가 누구보다 자신을 냉정하게 평가하자 그녀는 깊은 마음의 상처와 충격을 받았다. 자신이 중요하게 여기는 사람에게 받는 평가는 자아 인식에 큰 영향을 주고 심지어 타격을 입히기도 한다. 특히 자아 정체성을 구축하는 시기일 경우에는 더욱 그렇다.

타인의 피드백은 자신의 '이상적 자아상'에 깊숙이 반영되어 현실 자아가 이에 가까워지도록 목표를 설정하게 된다. 그래서 우리는 '엄격한' 피드백을 받을수록 더 '원대한' 목표를 설정하지만, 사실 현실적으로 불가능한 목표일 경우가 많다. 예를 들어, 혜수의 목표인 '깡마른 몸매'는 그녀의 타고난 체형과 맞지 않기 때문에, 아무리 살을 빼도 자신이 원하는 몸매를 만들기 어렵다.

이처럼 내적 수치심을 덮기 위해 비현실적인 목표를 세우면 돌아오는 것은 좌절감뿐이다(이러한 목표는 거의 달성할 수 없기 때문이다). 결국 목표를 이루지 못해 더 큰 수치심을 느끼고, 내부 감정이 정리되지 않은 상태에서 수치심을 없애려고 또 다른 무리한 목표를 세우는 악순환에 빠지게 되는 것이다.

노스캐롤라이나 대학교의 프레드릭슨Fredrickson 교수와 콜로라도 대학교의 로버츠Roberts 교수는 이런 여성들의 모습을 '대상화 이론 objectification theory'으로 설명했다. 대상화 이론에 의하면, 타인의 시선에 의해 살아가는 사람들은 그 시선들을 점진적으로 내재화하면서 자기 자신을 다른 사람들에게 평가받는 대상으로 간주하고 자신을 관찰자의 시각으로 바라보는 자기 대상화self-objectification를 하게 된다. 이러한 경향은 자신의 신체에 대한 습관적 감시monitoring로 이어진다.

자기 대상화는 자기 자신과 주관적 경험 사이의 연결고리를 끊고 다른 사람들의 시선에 더 집중하며, 자신의 감정보다 내가 어떻게 보이는지에 더 관심을 갖게 한다. 미디어가 의도적 또는 고의적으로 만들고 전달하는 미美의 기준과 이미지 또한 사람들이 자기 외모에 집착하게 만드는 요인이라 할 수 있다.

오늘날 외모 수치심을 경험하는 것은 여성뿐만이 아니다. 여성의 경제활동 증가와 사회적 트렌드의 변화로 남성들도 자신의 외모에 대한 주변의 시선을 의식하기 시작했고, 근육질 몸매를 만들거나 외모를 가꾸는 것에 대한 관심도가 높아졌다.

"넌 이렇게 뚱뚱한데 또 먹어?", "넌 다리가 두꺼워서 이 옷은 안 어울려."

때로는 이런 비하와 모욕이 '친절'이나 '솔직함'으로 그럴듯하게 포장되어 누군가의 가슴에 비수처럼 꽂히기도 한다.

'관계 수치심'_ 메아리 없는 사랑

어떤 수치심은 한 사람의 자기 존재감과 직결되어, 타인에게 적절한 관심을 받았는지 여부에 따라 달라진다. 실제로 많은 이들이 '메아리 없는 사랑'으로 인해 수치심을 느끼고 있다.

예를 들어, 좋아하는 이성이 나를 그저 평범한 친구로만 생각하고, 내가 보낸 메시지를 읽고도 오랫동안 답장하지 않았다. 나는 진심을 다했지만 상대가 무반응으로 일관할 때, 우리의 자존감은 깊은 상처를 입는다. 이는 앞서 언급한 수치심 스펙트럼의 일부분으로, '나는 중요하지 않다' 또는 '나는 충분히 매력적이지 않다'라는 감정을 느끼게 만든다.

이처럼 수치심이 우리에게 주는 타격이 크기 때문에, 때로는 이러한 감정이 분노나 슬픔과 같은 더 수용하기 쉬운 감정으로 가려지기도 한다. 조지프 버고는 이렇게 말했다.

"사랑과 관심을 받고 싶어 하는 것은 인간의 본성이며, 양육자로부터 깊은 사랑과 관심을 받으면 피양육자는 이를 통해 충족감을 경험하고 충분한 내적 에너지를 얻는다."

반면 '메아리 없는 사랑'을 받는 것은 실로 고통스러운 경험이다. 이는 서로 간에 감정적 연결이 없음을 의미하며, 이러한 감정적 연결의 부재는 수치심을 유발하고 심리적 타격을 준다. 특히 자기애 문제나 중독 문제가 있는 부모는 자녀에게 충분한 사랑을 주지 못하는 경우가 많다. 이러한 가정에서 자란 아이들은 어른이 된 후에도 애정결핍의 경향을 보이며, 타인을 통해 자신의 결핍을 해소하고자 하는 보상심리를 갖게 된다. 그들은 상대에게 '나만 바라봐', '나만 생각해', '나만 예뻐해 줘'라며 끊임없이 사랑을 갈구하지만, 이런 식의 사랑을 계속 맞춰주는 것은 보통 사람들에게 쉽지 않은 일이다. 결국 그 관계는 오래 지속되지 못하고, 그들은 또다시 냉대당하는 고통을 받게 된다. 그렇게 오랫동안 외면받은 사람이 누군가에게 다시 따뜻한 관심을 받으면, 그들은 이 낯설고도 뜨거운 '사랑'에 쉽게 데일 수 있다.

영화 「청춘: 그날의 설렘처럼芳華, Youth」에서 류펑은 정신병원에 있는 허샤오핑을 찾아간다. 갑자기 왜 허샤오핑이 이런 심각한 병을 얻었냐고 묻는 류펑에게 의사는 이렇게 말한다.

"겨울에는 밖에 배추를 두어도 상하지 않아요. 그러나 갑자기 따뜻한 실내로 옮기면 금방 상하고 말죠."

오랫동안 무관심과 냉대 속에서 살던 사람은 고통스럽지만, 그 삶에 점차 익숙해지기 마련이다. 허샤오핑이 어느 날 갑자기 영웅

이 되어 많은 사람의 시선과 관심을 한 몸에 받자, 그녀의 내면은
이 낯선 상황을 견디지 못하고 붕괴해버린 것이다.

사례 2

나는 내담자와 첫 상담을 시작할 때, 상대가 먼저 말을 꺼낼
때까지 조용히 바라보며 기다리는 편이다. 성민과 처음 만났
던 날, 나는 평소처럼 그가 말할 준비가 될 때까지 기다리며
그를 지켜봤다. 성민은 나와 잠깐 눈이 마주치자 재빨리 시선
을 피하더니 고개를 푹 숙였다. 그는 고개를 숙이고 웃고 있는
듯했다. 그러다 다시 나를 힐끔 쳐다보더니 고개를 가로저으
며 야릇한 미소를 보였다.

"선생님, 제가 왜 웃는지 궁금하시죠? 음, 사실 선생님이 아까
부터 말없이 저를 계속 쳐다보시더라고요. 그런데 그게 좀….
그게 말이죠…."

그가 곤란한 듯 머뭇거리자, 나는 이렇게 물었다.

"제가 쳐다보고 있으니 뭔가를 말하기가 더 어려우신가요?"

그는 머리를 긁적이다가 결심한 듯 다시 미소를 지었다.

"선생님이 절 뚫어지게 보고 계시니까, 선생님이 실망하시
지 않게 제가 뭐라도 빨리 말해야 할 것 같았어요. 그러다 혹
시 내 얼굴에 뭐가 묻은 건가, 내가 오늘 입은 옷이 좀 이상한
가라는 생각도 했어요. 분명 여기 오기 전에 깨끗이 세수도 했

고, 거울도 봤는데 말이에요."

나는 다시 물었다.

"누군가 자신을 이렇게 쳐다보고 있으면 어떤 느낌이 들어요?"

그는 잠시 침묵하더니 사뭇 진지한 얼굴로 대답했다.

"복잡한 감정이 들어요. 특히 부끄럽고 어색한 마음이 크죠. 마치 누군가가 나를 꿰뚫어 보고 있는 것 같거든요. 사실 저는 아버지와 얘기할 때마다 일부러 눈을 안 마주치려고 하는 습관이 있어요. 그러다 보니 누군가와 대화할 때 저도 모르게 시선을 피하게 되는 것 같아요. 어렸을 때, 길을 가다가 우연히 맞은편에서 걸어오고 있는 아버지를 보았어요. 그런데 저는 잘못한 것도 없으면서 괜히 혼날 것 같아서 일부러 아는 척하지 않았죠. 아버지도 저를 못 보셨는지 제 옆을 그냥 지나쳐 가시더라고요. 사실 아직도 저는 궁금해요. 그때 아버지가 절 정말 못 본 건지, 아니면 못 본 척한 건지 말이에요. 아마 제가 형이었다면 절대 그냥 지나치지 않았을 거예요. 저희 형은 진짜 대단한 사람이거든요. 아버지는 무슨 문제가 생기면 형을 찾아갔죠. 아마 저의 존재는 잊고 사실 거예요."

나는 머리를 끄덕이며 말했다.

"이야기를 들으니 아까 상황이 이해되네요."

방금 전 그는 불안함과 어색함을 감추기 위해 억지로 웃음을 지어 보였던 것이다.

　뭐든지 잘하는 성민의 형은 언제나 부모님의 관심과 기대를 독차지했다. 마치 부모님은 '형'이라는 작품을 만들기 위해 온 정성을 쏟다가, 남은 점토를 대충 뭉쳐서 '성민'이라는 인형을 만든 것 같다. 실제로 그의 형은 키가 훤칠하고 잘생긴 데다가 늘 열정적이고 친절하며 학업 성적도 항상 1등을 놓치지 않는 그야말로 '엄친아'였다. 반면 성민은 언제나 형의 그늘에 가려서 존재감 없이 살았기에, 심지어 친척들마저도 '걔가 누구였더라?'라며 가끔씩 그를 기억조차 못하기도 했다.

　키도 작고 외모도 딱히 내세울 게 없었던 그는 어릴 때부터 자신이 '뭔가 부족한' 사람임을 알고 있었다. 그는 형을 바라보는 아버지의 따뜻한 눈빛을 단 한 번이라도 느껴보고 싶었다. 그 눈빛은 칙칙하고 빛 바랜 자신의 삶에 화사한 생기를 불어넣어 줄 것만 같았다. 그는 이렇게 말했다.

　"제가 대기업에 스카우트 되었다고 말씀드리자 아버지는 저를 조금씩 인정해 주시기 시작했어요."

　아마도 그때부터 그는 자신의 생존 방식을 찾게 된 듯하다. 그것은 바로 '쓸모 있는' 사람, 더 완벽한 사람이 되는 것이었다.

　심리학자 제임스 길리건James Gilligan은 이렇게 말했다.

"인간의 몸에 산소가 부족하면 죽는 것처럼, 자신에게 또는 타인에게 충분한 사랑을 받지 못하면 마음이 사망한다."

부모의 무관심은 아이들에게 '나는 너를 사랑하지 않는다'는 메시지를 주는 것과 같다. 성민과 비슷한 아픔을 가진 사람들은, 마치 영화 「청춘」의 허샤오핑처럼 사랑을 갈망하면서도 막상 사랑을 받으면 마음속 깊은 곳에서 알 수 없는 수치심이 밀려와 자신이 마땅히 누려야 할 사랑을 차갑게 밀쳐내곤 한다.

'사회적 수치심'_ 다름이 비정상으로 여겨질 때

수치심은 마음의 문을 닫고 외부와의 연결을 차단하려는 욕구를 일으킨다. 특히 자신이 어떤 집단에서 소외되었다는 사실을 알게 되면 이러한 수치심은 더욱 강해진다.

추석이나 설 명절이 되면, 많은 미혼 남녀들은 '명절 스트레스'에 시달린다. "연애는 하고 있니?", "언제 결혼할 거야?", "한 달에 얼마나 벌어?" 등 관심으로 위장한 잔소리 때문이다. 여러 친척들에게 둘러싸여 그들의 가치관의 잣대로 머리부터 발끝까지 '심문'당하면서 난감함과 불편함에 시달리다 보면 분노가 치솟아 오르기도 한다. 그러다 결국에는 내가 진짜 '정상'이 아닌가 하는 생각까지 하게 된다. 자신과 다르다고 판단되면 바로 '비정상' 딱지를 붙여버리는 형국이다.

　집단 따돌림은 학교 폭력의 흔한 형태 중 하나이다. 자아 정체성을 형성하는 중요한 시기에 있는 청소년들이 왕따를 겪게 되면 자신을 패배자로 여길 수 있다. 어떤 아이들은 실제로 잘못한 것이 전혀 없어도, 단지 다른 친구들과 조금 다르다는 이유로 왕따를 당하기도 한다. 실제로 학교에서 소속감을 느끼지 못하고 교우 관계 문제를 해결하지 못해 등교를 거부하는 아이들이 적지 않다.

사례 3

　수경은 어렸을 적 시골에서 도심의 큰 초등학교로 전학 갔던 그날을 아직도 생생하게 기억한다. 그녀는 긴장 반, 설렘 반으로 아침 일찍 일어나 자신이 가장 좋아하는 운동복으로 골라 입었다. 고모가 어린 수경의 머리를 단정하게 하나로 묶어주셨고, 아침 식사 후에 학교까지 데려다주셨다. 교문 앞에서 작별 인사를 하면서 고모는 "선생님 말씀 잘 들어야해!"라는 당부도 잊지 않으셨다.

　교실 안으로 들어가자, 선생님은 수경에게 교단 바로 앞에 있는 자리를 배정해 주셨다. 자리에 앉아 교실을 쭉 훑어본 수경은 흥분을 감출 수가 없었다. 전에 다니던 학교의 교실보다 훨씬 크고 깔끔했고, 친구들도 하나같이 세련돼 보였기 때문이다. 쉬는 시간에 수경은 우연히 교단 위에 너저분하게 널려있는 문제지들을 보게 되었다. 나라도 정리해야겠다 싶어 문제지 한 장을 들어 올린 순간, 이 모습을 본 선생님이 갑자기 날카롭게 쏘아붙였다.

"당장 손 내려놔! 왜 이렇게 개념이 없지? 바로 너, 전학생!"

겁에 질린 수경은 한동안 넋이 나가 있었고, 눈물조차 나오지 않았다.

그녀가 이 경험을 나에게 이야기할 때, 그녀의 얼굴은 빨갛게 달아오르고 눈가엔 눈물이 고여 있었다. 사실 그때 우리는 그녀가 상담실의 카펫을 더럽히지 않으려고 카펫의 좁은 끝자락에 발을 올리고 있었던 상황에 대해서 이야기를 나누고 있던 중이었다.

"저는 선생님이 저를 '개념 없는' 사람으로 생각할까 봐 걱정됐어요. 여기는 선생님의 상담실이잖아요."

수경은 이렇게 얘기하며 바닥을 내려다보았다.

"게다가 카펫 색깔이 너무 연해요. 더러워지면 닦아내기 힘들 것 같아요."

이후 우리는 전학 간 학교에서 따돌림을 당했던 경험에 관해서도 이야기를 나누었다. 그녀의 학업 성적은 계속 올라갔지만, 언제나 겉도는 느낌을 받았다. 때로는 '내가 공부를 잘해서 다른 친구들이 나를 싫어하는 걸까'라는 생각도 들었다. 친구가 없던 수경은 공부 밖에 할 게 없었고, 가장 자신 있는 것 역시 공부뿐이었다. 결국 그녀는 명문 대학을 나와 원하는 직장에 입사했고 외모도 가꾸기 시작하면서 모두가 인정하는 '잘나가는 커리어우먼'의 삶을 살게 되었다.

그런데 그녀는 회사에서 동료들과 대화할 때 자신의 이야기, 특히 가족에 대해 이야기하는 것을 극도로 꺼려했다. 수경은 농부인 부모님을 늘 창피하게 생각했고 자신이 시골 출신이라는 사실도 들키고 싶어 하지 않았기에, 고향 친구들이 그녀를 '개천에서 난 용'이라고 칭찬하는 것조차 싫어했다. 그래서 그녀는 점심시간에 동료들과 함께 식사하는 것보다 혼자 있는 시간을 더 좋아했다. 가끔 불현듯 찾아오는 학창 시절의 고통스러운 기억은 그녀의 마음을 어지럽혔고, 그럴 때마다 그녀는 사람들이 뒤에서 자기를 험담하고 있을 거라며 불안해했다. 사실 동료들의 식사 제안을 매번 거절한 건 정작 그녀 본인이었지만, 혼자 고립되고 있다는 생각에 빠져 헤어 나오지 못하며 이렇게 생각했다.

'나는 이 세상과 맞지 않아.'

일부 학자들의 연구에 따르면, 어떤 집단에서 소외당할 때 자극을 받는 뇌의 부위가 신체적인 통증을 느낄 때 자극받는 부위와 매우 유사하다고 한다. 이는 집단에서 소외당하는 심리적 고통이 신체적인 고통과 크게 다르지 않음을 의미한다. 특히 수치심과 자존감 하락으로 인한 고통(마음의 고통)은 더 깊은 괴로움과 통증을 불러온다.

어떤 집단에서 자신이 그들과 다르다는 것을 느끼면 수치심이 일어나고 불안감에 휩싸이게 된다. 더구나 과거의 상처가 제대로 치료되지 않은 사람은 고통에 대한 두려움 때문에 누군가에게 소외당하기도 전에 자신을 고립시킨다. 수치심을 느끼는 것이 두려워 타인의 제의를 거절하고, '나는 왕따야'라며 자기 세뇌를 하는 악순환에 빠지는 것이다.

수경과 비슷한 아픔을 가진 사람들은 대부분 사회적 불안에 시달리며 다른 사람들 앞에서 자신의 본 모습을 드러내지 못한다. 그들은 자신의 '남다른 면' 때문에 곱지 않은 시선을 받고 배척당할 것이라는 두려움에 휩싸여 자신을 더욱 감추려고 하는 것이다.

진정한 교감은 '진실'의 토양 위에서만 이루어진다. 사랑하는 연인들은 서로 진실한 생각과 감정을 고백하고, 시시콜콜한 경험을 공유하면서 진정한 나와 너를 이해한다. 그리고 자신의 부족함과 용기, 무력함과 결단력을 함께 털어놓으며 더욱 깊은 교감을 나누게 된다.

여기서 중요한 것은, 이러한 교감을 나누기 전에 먼저 충분한 '예열' 과정을 거쳐야 한다는 것이다. 고백하는 쪽과 받아들이는 쪽 모두 마음의 준비를 하고, 여러 가능성을 예측할 수 있는 충분한 시간과 공간을 확보해야 한다. 이는 '불확실성'에 대한 불안을 최소화하기 위함이다. 만약 사전에 아무런 신호도 받지 못하고 준비도 못한 상태에서 갑자기 이별 통보를 받으면 그 상처와 충격은 실로 엄청날 것이다. 그 충격의 일부는 '돌발성'에서 비롯되었다고 볼 수 있는데, 이것이 바로 사람들이 갖가지 재난(태풍, 지진 등)을 사전에 예측해서 대응 방법을 찾는 연구에 열중하는 이유라고 할 수 있다.

또한 아무런 사전 예고 없이 자신의 상황을 갑자기 '커밍아웃'하는 것은 상대에게 충격으로 다가올 수도 있다. 이런 상황에서는 상대가 그의 취약함과 수치심을 충분히 이해하고 적절한 감정적 피드백을 해 주기 쉽지 않다. 상대에게 무언가를 털어놓기 전에, '상대 보호' 차원에서 적절한 신호를 주는 예열 과정을 거치는 것을 잊지 말자.

완벽주의는 걸림돌인가, 디딤돌인가

긍정적 완벽주의와 부정적 완벽주의

『불완전함의 선물The Gifts of Imperfection』의 저자 브렌 브라운Brene Brown은 이렇게 말했다.

"수치심은 완벽주의의 소리다."

완벽주의자의 내면 깊은 곳에는 자신의 불완전함에 대한 강한 수치심이 존재하기 때문에, 이러한 수치심을 숨기기 위해 완벽을 추구하는 경우가 많다. 완벽주의가 한 사람의 인식과 감정을 지배하면, 모든 일을 완벽하게 하려는 성향을 보인다. 이로써 그는 자신의 불완전함이 소멸되고 기본적인 자존감을 유지할 수 있다고 생각한다.

그러나 건강한 자존감을 구축하는 과정에서 절망과 좌절을 경험하는 순간, 완벽주의에 대한 강박은 강렬한 불안을 유발하여 완벽한 이상적 자아를 만들기 위한 노력을 방해한다. 그리고 이런 상황이 반복되면 완벽주의는 '미룸증 완벽주의'로 변모한다.

몇 주 동안 정신없이 일했는데도 여전히 할 일이 산더미처럼 쌓여있고 시간이 너무도 부족하다고 느낄 때, 문득 머릿속에 이런 생각이 든다. '이 일은 잠시 미뤄도 되지 않을까?' 프로젝트 마감일이 임박한 시점에서, 리뷰할 때마다 수정해야 할 부분들이 눈에 거슬려 고치고 또 고치다 보면 프로젝트의 전반적인 진행이 늦어지기도 한다. 그러다 자신이 일을 지체시키고 있다는 사실을 깨달으면 아마 이렇게 생각할 수도 있다. '어쩔 수 없어. 내가 완벽주의자라서 그래.' 자신의 '미룸증'을 완벽주의 성향 탓으로 돌리는 것이다.

심리학자들은 완벽주의를 '긍정적 완벽주의'와 '부정적 완벽주의(신경증적 완벽주의)'로 구분한다. 긍정적 완벽주의자는 모든 일에 완벽을 추구하며 자신의 노력을 통해 만족감을 얻는다. 일이 뜻대로 되지 않을 때 예민해지기도 하지만 어떻게든 마감 기한까지 일을 마무리하려고 애쓴다. 반면, 부정적 완벽주의자는 비현실적인 목표를 추구하며 쉽게 집중하지 못하고, 목표를 달성하지 못했을 때 깊은 절망과 자괴감에 빠지며, 마감 기한을 넘기면서까지 일을 붙잡고 있을 때가 많다.

애플의 창업자인 스티브 잡스는 항상 모든 것에 완벽을 요구했다. 잡스는 그의 자서전에서 이렇게 말했다.

"우리가 차고에서 '애플-1Apple-1'을 디자인할 당시, 나는 워즈니악이 만든 전자 회로판을 들고 그 위의 칩을 가리키며 이렇게 쏘아붙였다.

'칩 두 개가 서로 대칭하지 않잖아! 너무 보기 싫어!' 그러자 워즈니악은 '어차피 전자 회로판은 플라스틱 케이스 안에 들어가니까 사람들은 보지도 못해. 대칭이 아니라고 누가 신경이나 쓰겠어?'라고 반박했다. 그래서 나는 '나! 내가 신경 쓰인다고!'라고 소리치며 전자 회로판을 쓰레기통에 던져버렸다. 어쨌든 난 깔끔하게 대칭되는 칩을 원했으니 말이다."

그리고 몇십 년 후, 애플은 세계 최고의 혁신 기업으로 성장했다.

애플의 직원들은 잡스가 '현실 왜곡적인 시각'을 가졌으며, 현실적으로 불가능한 것처럼 보이는 일도 항상 방법을 찾아냈다고 말했다. 잡스와 같은 완벽주의자들은 언제나 긍정적인 마인드로 성공을 열망하며 목표를 이룰 수 있다고 확신한다.

긍정적인 완벽주의자는 자아 가치를 높게 평가하고 자신의 감정을 소중히 여기며, '나는 뭐든지 해낼 수 있다'라고 믿는다. 또한 실패하더라도 타인의 평가에 쉽게 흔들리지 않을 뿐 아니라, 자신의 능력을 키워서 다음에는 반드시 성공할 것이라고 결심한다.

반면, 부정적인 완벽주의자는 성과가 좋지 않으면 자기 자신에게 화살을 돌려 자책하고 비난한다. 그들은 자존감이 낮은 탓에 부정적인 감정에 쉽게 빠지는 것이다. 또한 타인의 평가에 지나치게 신경 쓰는 경향을 보이기도 한다. 타인의 평가에 과하게 의존하면 외부 반응에 따라 감정 기복이 심해지고 일을 지연시키거나 자신감 저하, 자기 비하 등의 부작용을 겪는다.

부정적인 완벽주의자의 이 같은 문제들은 대개 '불안'에서 비롯된다. '완벽주의자'를 자칭하는 프로크라스티네이터^{Procrastinator}(만성적 미루기 환자)들은 사실 긍정적인 완벽주의자가 아니라 '미룸증 완벽주의자'이며, 그들의 불안은 불완전함에서 기인한다고 할 수 있다.

그들은 업무나 대인관계 등 모든 것에 완벽을 추구하며 어떤 실수도 용납하지 않기 때문에 아주 사소한 결점에도 강렬한 불안감을 느낀다. 바로 이 같은 불안감 때문에 습관적으로 일을 미루는 것이다.

완벽 추구와 그로 인한 불안감은 심리적 자원을 고갈시켜 그들을 무기력하게 만든다. 이 큰 격차를 메우기 위해 완벽주의자들이 흔히 사용하는 방어기제는 환상 세계에 들어가는 것이다. 그들은 자신만의 환상에 빠져 이런 상상을 한다.

'나는 엄청난 능력자야. 지금은 단지 조금 게으름 피우고 싶어서 잠깐 미루고 있는 것뿐이지 결코 내 능력이 부족한 건 아니야. 만약

미루지 않았다면 이 일을 아주 완벽하게 끝냈을 거야. 내가 마음만 먹으면 이쯤이야 일도 아니지!'

그러다 만성적 미룸증으로 업무가 원활하게 진행되지 않으면 자기 불만과 자기 공격을 유발한다. 그래서 그들은 환상을 통해 현실을 회피하려는 태도 즉, '타조 마인드'를 갖는 것이다. 그러면 '타조 마인드'가 무엇인지 구체적으로 살펴보자.

'타조 마인드', 고개를 파묻으면 난 안전해

타조는 어떤 동물일까? 타조는 약 시속 70km 정도의 속도로 질주할 수 있는 동물이다. 위험에 처했을 때 재빨리 그 자리를 벗어날 수 있고, 날카로운 발톱을 갖고 있어 사자나 호랑이와 같은 야생 동물로부터 자신을 방어할 수도 있다.

'타조 마인드'란 무엇일까? 이는 타조 자체의 공격 능력이나 방어 능력과는 상반되는 개념이다. 타조는 평야에서 맹수나 사냥꾼을 만나면 모래에 머리를 파묻는다. 자신의 시야를 가리면 상대가 자신을 보지 못하고, 자신이 위험에서 멀어졌다고 생각하기 때문이다. 결국 타조는 위험을 벗어날 기회를 놓치고 허무하게 사냥당하고 만다.

'엄이도령掩耳盜鈴'이라는 우화를 들어본 적 있는가? 어느 도둑이 청동으로 만든 종을 훔치려는데, 너무 크고 무거워서 망치로 종을 깨뜨려 옮겨야겠다고 생각했다. 망치로 종을 내려친 순간, 소리가 너무 크게 울려서 귀를 막았더니 소리가 잘 들리지 않았다. 이에 그는 옳거니 하고 솜뭉치로 귀를 막고는 '다른 사람들도 종소리를 듣지 못하겠지'라고 생각하며 마음 놓고 종을 깨기 시작했다. 그러자 곧 사람들이 소리를 듣고 몰려와 그 자리에서 잡혔다.

타조 마인드는 이처럼 현실을 회피하는 방어 심리로, 심리학에서는 '타조 증후군ostrich Syndrome'이라고도 부른다. 이러한 방어 심리는 우리의 일상생활 곳곳에서 다양한 모습으로 발현된다. 특히 인생의 결정적인 순간에 타조 마인드 성향이 나타나기도 한다. 예를 들어, 평소에 성적이 우수했던 학생이 막상 시험장에 들어서자 갑자기 도망치고 싶다는 생각에 휩싸여 편안하게 문제를 풀지 못하고 기회를 놓쳐버리는 것이다.

실패를 수없이 겪어도 또 다른 기회를 찾기 위해 열심히 노력해서 결국 성공을 이뤄내는 사람이 있는가 하면, 실패 후에 그대로 안주해버리는 사람도 있다. 이러한 '실패 적응형' 사람은 더 나은 삶에 대한 희망을 하나둘 내려놓고 그간의 노력을 헛되이 방치하곤 한다.

어찌 보면, 현실을 피해 환상 속으로 도피하는 것은 매우 '가성비 좋은' 대처법 같기도 하다. 환상 속에 숨으면 작은 가능성을 위해 고민할 필요도, 자신의 무력함을 억지로 인정할 필요도 없으며, 현실에서 검증받지 않아도 된다. 하지만 이 같은 회피가 몰고 오는 대가는 실로 상당하다. 현실을 외면하며 환상 속에 고개를 파묻고 있으면 문제를 해결할 기회를 놓치고 상황을 더 악화시킬 수 있다.

그렇다면 환상에 빠져 현재의 일을 미루는 것이 무조건 나쁘기만 할까? 꼭 그렇지만은 않다. 자신의 어떤 행동이 부정적인 결과를 가져올 것이라고 예상되면, 그 행동을 멈춤으로써 더 나은 결과를 만들어낼 수 있다. 좀 더 정확한 이해를 위해, 미불^{米芾}의 이야기를 살펴보자.

미불은 중국 북송^{北宋} 때의 서화가로, 사대가^{四大家}의 한 사람으로 꼽힌다. 그는 일생 동안 청렴을 몸소 실천한 관료였다. 전해지는 일화에 따르면, 어느 날 어떤 사람이 부탁할 것이 있어 미불을 찾아왔다. 그는 미불이 서화를 좋아한다는 사실을 알고 귀한 서화를 가져와서 선물로 주었다. 그런데 그가 다녀간 후로, 미불은 서화를 열어보지도 않고 집에 며칠 동안 그대로 두었다가 하인을 시켜 주인에게 돌려보내라고 했다. 이에 하인이 "그래도 안에 무엇이 있는지 열어보기만 하시죠?"라고 말하자, 미불은 이렇게 대답했다.

"내가 그것을 보지 않으면 그것이 가짜 서화라고 나 자신을 위안할 수 있지. 하지만 내가 그 서화를 보고 마음에 들면 나는 그것을 취하고 싶을 것인데, 이는 나의 이름을 더럽히는 일이 아니겠는가?"

청렴한 관료가 되기로 결심했던 미불은 자신이 뇌물 앞에서 흔들릴 수도 있음을 잘 알고 있었기에 타조 마인드를 활용하여 탐욕을 아예 덮어버린 것이다.

환상 속에 있으면 가혹한 현실을 마주할 필요가 없다고 느껴지지만, 사실 우리는 너무도 잘 알고 있다. 환상에 빠지는 것은 그저 단순한 플라시보 효과일 뿐이며, 건강한 자존감을 채울 수 없다는 것을 말이다.

완벽한 이상적 자아를 목표로 자신에게 한 치의 실수도 용납하지 않거나, 자신을 책망하며 노력을 포기한다고 해서 자존감이 유지되지 않는다. 이상적 자아와 현실적 자아 간의 차이를 파악하고 점진적인 노력을 통해 목표에 조금씩 다가가는 것이야말로 자존감을 높이는 지름길이다.

이상적 자아와 현실적 자아의 거리

'나는 단지 내가 아니다.' 이 말은 '나'는 하나의 통합체로서 이상적 자아와 현실적 자아를 모두 포함한다는 것을 의미한다. 이상적 자아는 그야말로 완벽 그 자체의 자아이며, 사람들은 이상적 자아에 다가갈 수 없다고 느낄 때 수치심, 죄책감 등의 감정을 갖는다. 그리고 이런 부정적인 감정은 현실적 자아의 성장에 큰 영향을 미치고, 이로 인해 이상적 자아와 현실적 자아 사이의 격차가 커지면 현실적 자아를 마주하기 더욱 어려워진다.

인간은 모두 현실적 자아를 이상적 자아로 발전시키길 원한다. 미국 심리학자 칼 로저스^{Carl Rogers}는 이렇게 말했다.

"사람의 내면에는 이상적 자아가 존재하며, 사람들은 대부분 현실적 자아가 이상적인 자아와 일치하지 않는다는 것을 알고 있다. 현실적 자아와 이상적 자아의 격차가 좁혀질수록 뚜렷한 자아정체성을 갖는다."

현실적 자아와 이상적 자아 사이의 격차를 조화롭고 균형 있게 조절하는 것이 자신감과 자존감, 자기애를 키우는 기반이 되는 것이다. 로저스의 이론에 따르면, 사람의 내면에는 '자아 실현 경향성 Self-Actualizing Tendency'이라는 타고난 동기가 있다. 로저스는 자신의 잠재력이 충분히 발휘될 수 있도록 이끄는 사람은 다음과 같은 주요 능력을 갖추고 있다고 말했다.

· 자신의 경험을 열린 마음으로 받아들이는 능력
· 현재에 집중하는 능력
· 자신의 유기체를 신뢰하는 능력
· 자유를 효과적으로 활용하는 능력
· 창의력

로저스는 이상적 자아를 실현하기 위해서는 위의 5가지 능력이 필요하다고 주장했다. 하지만 사람들은 대부분 자신의 능력을 향상시키는 과정을 기다리지 못하고 '가짜 자아'를 만들어 대리만족을 얻으려고 한다.

실제로 인터넷이 발달하면서, 가상공간을 통해 '가짜 자아'와 이상적 자아를 교묘하게 결합시키는 사람들이 점차 많아지고 있다. 게임 및 소셜 미디어 플랫폼에서 현실과 일치하지 않거나 전혀 상반되는 이미지로 자신을 포장하는 것이다. 가상공간에서 머무는 시간이 길어질수록 현실로 복귀하기가 더 어려워지고 진짜 인생과 진짜 나를 점차 망각하면서 이상적 자아와 현실적 자아 사이의 격차가 점점 더 벌어지게 된다.

게임 마니아 중에는 최고 랭크까지 올라가 '게임의 신'으로 불리는 사람들이 있다. 그들이 모든 시간을 오로지 게임에만 바쳤다는 사실을 주목하는 사람은 많지 않을 것이다. 그들은 가상 세계에서 많은 이의 찬사를 받으면서 자신이 현실에서는 도태되고 있음을 점차 망각하고, 가상의 이미지와 이상적 자아를 현실적 자아보다 더 중요하게 여긴다. 그러다 졸업 후 본격적으로 구직활동을 시작하면, 평범한 회사의 면접 기회조차 얻을 수 없으며 프로 게이머 역시 하늘의 별 따기라는 냉혹한 현실을 깨닫는다. 이 같은 강력한 '현타'로 그들은 현실을 마주할 용기마저 잃어버리게 된다.

미국 심리학자 윌리엄 제임스William James는 자존감을 '자기가치
감'으로 정의했다. 그는 한 사람의 가치감은 스스로 설정한 목표의
달성 여부에 따라 결정된다고 보았다. 물론 실제 행동이나 노력이
목표 달성에 영향을 미치지만, 더 중요한 것은 자신의 실제 능력 수
준을 감안하여 목표를 설정했느냐다. 만약 자신의 목표가 너무도
비현실적이라면, 노력할수록 불안해지고, 노력할수록 자신감을 잃
게 될 것이다.

완벽을 추구하는 것은 잘못이 아니다. 다만 완벽을 추구하기 전
에 먼저 자기 자신을 명확히 파악하고, 자기 발전을 위한 충분한 시
간을 갖는 것이 전제되어야 한다.

제3부

자존감
바로 세우기

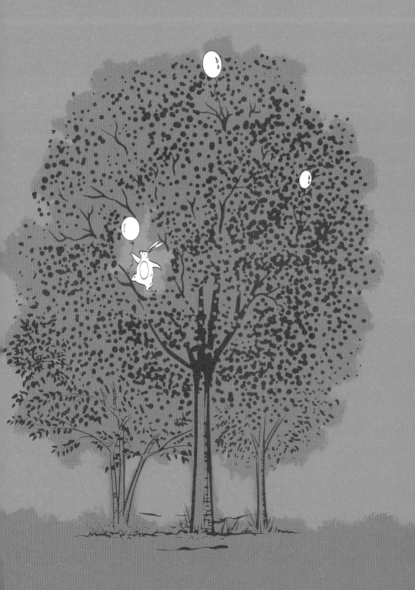

자존감 높이기의 본질은 나 자신을 사랑하는 법을 배우는 것이다. 자기 자신을 사랑하면 삶에 새로운 행복을 불어넣을 수 있다. 사람들은 보통 자기 내면이 아닌 외부 세계에서 사랑을 찾곤 한다. 어린 시절부터 이러한 방식으로 사랑을 받아왔기 때문이다. 하지만 사랑을 얻기 위한 전제조건은 자기 자신을 사랑하는 것이며, 다른 사람이 주는 사랑에만 의존하면 아무리 큰 사랑을 받아도 100% 만족할 수 없다.

그렇다면 자기 자신을 사랑하고 안정적인 삶을 살 수 있는 방법은 무엇일까? 그것은 바로 자기 내면을 깊이 바라보며 나를 사랑하는 연습을 반복하는 것이다. 이를 위해서는 시험공부를 하거나, 발표나 면접을 준비하는 것처럼 매우 집중적인 고도의 노력이 필요하다. 자기 자신을 사랑하면 어떤 일이 나에게 도움 되는지 파악하게 되고 이를 위해 노력하는 과정에서 더 나은 사람으로 성장할 수 있다.

실패가 남긴
소중한 흔적들

실패는 노력의 증거다

실패란 무엇일까? 회사에서 해고되거나, 경제적 어려움을 겪거나, 연인에게 이별을 당하거나, 다이어트 중에 폭음 폭식을 하는 등의 상황에서 우리는 '실패'라는 말을 쓴다.

자신이 맡은 일을 잘 해내고자 하는 욕망은 인간의 본능이다. 사람들은 자신의 노력으로 좋은 성과를 얻었을 때 큰 만족감을 느끼고, 그렇지 못한 경우에는 실망하거나 낙담하고 심지어 목표가 무너지는 느낌을 받기도 한다. 따라서 보통 실패에 관한 이야기보다 어떻게 하면 성공을 할 수 있을지에 관해 이야기하는 것을 좋아한다. 실패를 언급해야 하는 상황에서는 '실패하지 않는 방법'에 초점을 맞춘다. 이처럼 우리는 최대한 실패하지 않으려고 애쓰며 살고 있다. 하지만 실패를 받아들이지 않으면 성공을 맞이할 수도 없다. 사람은 본질적으로 실패를 통해 어떻게 성공하고 어떻게 더 나아질 것인지를 배우기 때문이다.

실패는 하나의 결과로서, 우리가 이미 노력을 쏟았음을 의미하며 어려운 일에 도전하는 용기를 가졌음을 의미한다. 실패의 결과를 통해 우리는 효과적인 것과 효과적이지 않은 것을 구분할 수 있게 된다.

심리 상담을 배우기 시작한 처음 몇 년 동안, 나는 지도 선생님께 "이렇게 해도 될까요?", "저렇게 해도 될까요?"라는 질문을 묻고 또 물었다. 그럴 때마다 선생님은 미소를 지으며 "왜 안 되겠어요?"라고 되물으셨다. 내가 "왠지 효과가 없을까 봐 걱정이에요."라고 말했더니 "아, 그건 곧 값진 경험을 하게 될 것이라는 뜻이에요. 이 길이 안 통했을 때 다른 길을 찾아 나서는 경험 말이죠."라고 말씀하셨다.

당시 나는 선생님이 너무 낙관적이고 나에 대한 기대치가 지나치게 높은 건 아닌지 의심했다. 그런데 몇 년이 지난 후, 나는 한 사람이 진정한 성장을 이루는 시기는 '정답'을 찾았을 때가 아니라, 시도를 포기하지 않고 '노력'할 때라는 사실을 서서히 깨달았다.

심리 상담사가 내담자를 잘못 이해했을 때, 상담사가 그들을 다시 제대로 이해하기 위해서는 내담자의 협조와 도움이 필요하다. 상담사가 내담자로부터 '영감'을 받아 그들을 올바르게 이해하면 내담자는 깊은 위안을 얻는다. 내담자는 자신의 실수를 성찰함과 동시에, 상담사의 포기하지 않는 태도를 보며 깨달음을 얻는 것이다.

그렇다. 실패는 우리에게 다른 대안을 찾아볼 것을 상기시켜 준다. 어떤 방법이 실패했다면, 더 창의적인 다른 방법을 시도하는 것이 해답이 될 수 있다. 사실 실패라는 것은 우리가 계속 노력하고, 계속 시도하며, 계속 배우고 있다는 증거이기 때문이다.

모든 행동의 메아리를 경청하라

실패가 우리의 모든 행동의 메아리라고 상상해 보자. 그 메아리에 조용히 귀를 기울여보면 과연 어떤 소리가 들릴까?

매사추세츠주에 위치한 한 디자인 학교에서 〈실패의 허락Permission of fail〉이라는 전시회를 개최한 적이 있다. '예술가의 실패와 혼돈'을 테마로 열린 이 전시회는 다양한 '실패작'들을 한데 모아 독특하고 아름다운 전시물을 만들었다. 주최자는 이 전시를 통해 실패라고 여겨지는 것도 '재창조'를 거쳐 성공으로 변화시킬 수 있다는 메시지를 전하고자 했던 것이다.

실패는 인생 수업의 필수 과목으로, 우리가 미처 이해하지 못한 나를 발견하게 해 준다. 사업의 실패나 연인과의 이별을 겪으며 우리는 무엇이 자신에게 중요한지, 어떻게 배우며 성장해야 하는지를 배운다. 이것이야말로 진정한 자기 탐색의 과정이라 할 수 있다. 이를 위해서는 자기반성을 통해 실수를 인정하고, 그 속에서 교훈을 얻고자 하는 책임감이 필요하다. 예를 들어, 어떤 사람이 매번 승진에서 밀려 좌절감에 빠져 있다고 가정해 보자. 이런 상황에서는 상사에게 달려가 읍소하는 것보다, 더 비중 있는 업무를 맡거나 자기 실력을 어필할 기회를 모색하는 등 다음 승진을 위한 전략적인 목표를 세우는 편이 현명하다.

또한 연인과 이별했을 때는 자기 자신을 성찰하는 것뿐만 아니라 상대와 깊은 대화를 나눔으로써 '우리'를 되돌아보는 과정이 필요하다. 이는 두 사람이 그동안 서로 어떤 영향을 미쳤으며, 상대의 어떤 면에서 매력을 느끼고 어떤 면에서 실망감을 느꼈는지 등을 이해하는 데 도움이 될 것이다. 이 같은 성숙한 이별을 통해 한 단계 성장하여 또 다른 새로운 만남을 준비할 수도 있다.

앞서 언급했던 사례자 영훈은 심리 상담 후, '연애와 결혼'이라는 막연한 목표에서 자기 탐색으로 방향 전환을 했다. 그는 자신이 원하는 이상적인 연애가 어떤 것이며, 연인과 어떤 것을 공유하고 싶은지, 자신의 관심사는 무엇인지, 상대방이 자신을 어떻게 대할 때 행복을 느끼는지, 자신은 어떤 방식으로 상대에게 사랑과 신뢰를 표현해야 하는지 등을 구체적으로 고민하기 시작했다. 이 과정은 마치 자기 자신과 '연애'하듯 자신을 진지하게 탐색하는 시간이었다. 그가 자기 자신에게 진심 어린 호기심과 관심을 보이기 시작하면서 영훈은 언제 어디서든 자신에게 자연스러운 대화를 건넬 수 있게 되었다.

"오늘은 기분이 어때? 재미있는 일이라도 있었어? 아까 상사가 한 말을 듣고 기분이 좀 안 좋았는데, 지금은 좀 괜찮아?"

그리고 어느 날, 드디어 그는 마음에 드는 여성을 만나게 되었고 대화의 대상이 '나'에서 '너'로 바뀌었다. "너는 오늘 기분이 어때? 오늘 일이 많이 바빴어? 너는 어떤 음식을 좋아해?" 자기 자신과의 '연애'를 경험한 영훈은 사랑이란 서로 긴밀한 연결고리를 맺고 각자의 관심사와 생각, 감정을 함께 공유하고 이해하는 것임을 깨달았다.

이 같은 영훈의 사례는 실패를 자기반성과 자기 탐색의 기회로 전환한 좋은 예라 할 수 있다,

나의 '무지無知'를 인정하라

어떤 사람들은 자기계발을 위해 항상 무언가를 열심히 배우면서도 학습 차원에서 '마침표'를 찍어버리는 경우가 많다. 예를 들어, 어떤 기술을 배우는 학원에 등록하거나 각종 전문 자격증을 취득해도 그들의 삶에 실질적 변화를 가져올 만한 '후속 조치'를 하지 않

는 것이다. 마치 그간의 노력이 그저 '나는 아직 부족해'라는 불안을 완화하기 위한 수단이었던 것처럼 말이다.

이런 사람들은 각종 학원의 홍보물을 볼 때마다 마음이 요동친다. '6개월 속성 과정!', '3개월 만에 월급 두 배로 올리기!' 등과 같은 포스터들은 그들의 아킬레스건인 '절박함'을 자극하여, 짧은 시간과 적은 비용으로 삶을 180도 바꿀 수 있을 것 같은 착각을 일으킨다.

마음 깊은 곳에서 '나는 아직 부족해', '나는 너무 능력 없어', '나는 게을러', '나는 더 노력해야 해'라는 부정적인 감정들이 쌓여있을 때, 사람들은 본능적으로 이런 압박감을 해소하기 위해 어떤 행동이나 조치를 취하려고 한다. 그런데 이러한 행동들은 보통 표면적인 차원에 그치는 경우가 많다. 마치 책장에 책을 가득 채워 넣고 단 한 권도 꺼내 읽지 않는 것처럼, 이는 자신의 내적 불안을 가리기 위한 면피책일 뿐 진정한 학습 효과를 보이지 않는다.

그렇다면 진정한 학습이란 무엇일까? 이는 크게 두 가지 과정을 포함한다.

첫째, 나의 '무지無知**'를 깊이 인정하고 받아들인다.**

시간을 들여 배우고 체험하는 단계로 넘어가기 전에 이 과정이 반드시 선행되어야 한다. 물론 이 과정은 힘들고 지루하며 받아들이기 어려울 수도 있다. 하지만 진정한 학습이란 '내가 이것을 몰랐

구나', '나는 아직 부족하구나'라는 깨달음을 얻는 과정임을 명심해야 한다.

'나는 부족하다'라는 사실과 마주하면 좌절감이나 실망, 슬픔, 자신에 대한 분노 등을 느낄 수도 있지만 이 또한 성장의 일부다. 변화를 기다리는 것은 길고도 지루한 과정이기에, 실질적인 변화가 보이지 않으면 '내가 이렇게 오랫동안 노력했는데 왜 아무런 변화가 없는 거야'라고 실망할 수도 있다. 그러나 이 같은 감정 역시 극히 정상적인 반응이다.

앞서 언급했듯이, 실수를 용납하지 않는 가정에서 자란 아이들은 호기심이 억눌린다. '왜'라는 질문을 이끌어내는 호기심의 근원 역시 '나는 잘 모른다'는 사실을 인정하는 것인데, '왜'라는 질문에 대해 적절한 피드백을 받지 못하면 이런 생각을 하게 된다.

'내가 모른다는 것을 다른 사람들한테 들키면 안 되는구나.'

나의 무지함을 다른 사람들한테 들키지 않으려고 애쓰는 것은 사실 매우 위험한 일이다. 어느 내담자는 교실에서 대면 수업을 듣는 것보다 온라인 강의를 더 선호했는데, 그는 교실에 있을 때 불안감이 매우 높아지는 경향을 보였다. 과연 무엇이 그를 그토록 불안하게 만든 걸까? 그는 교실에서 수업을 들을 때 교수님이 가르쳐주시는 내용을 이해 못 해도 질문하는 것이 두려워 그냥 넘어가는 경우가 많았다. 그런데 온라인으로 수업을 들으면 다시 보기를 한다거나 녹음을 해서 이해하지 못한 부분을 해결할 수 있었던 것이다. 그는 이렇게 말했다.

"다른 학생들은 다 이해하는데 저만 모른다는 걸 들키면 얼마나 창피하겠어요." 그러던 어느 날 그는 그룹 수업이 있어 어쩔 수 없이 학교에 가게 되었다. 수업 내용 중에 이해가 안 되는 부분들이 있었지만 늘 그랬듯 단 하나의 질문도 하지 못하고 그냥 넘겨버렸다. 그날 학생들에게 그룹 과제가 주어졌고, 이 과제는 모든 팀원이 과제의 내용과 목표를 알고 각자 정해진 임무를 맡아 수행할 수 있다는 전제하에 진행되었다. 그는 자신이 맡은 임무가 정확히 무엇인지 파악하지 못했지만, 그 상황에서는 도저히 질문할 수가 없었다. 그때 물어보면, "왜 아까 물어보지 않았어?"라고 더 심한 비난을 받을 것 같았기 때문이다. 그는 며칠 내내 두려움과 불안함에 떨다가 아프다는 핑계를 대며 그룹 과제를 회피했다. 결국 다른 팀원들이 그의 부분을 메우기 위해 마감일 직전까지 많은 시간을 할애해야 했고, 이는 과제의 전반적인 퀄리티를 떨어뜨려 팀 전체가 좋은 성적을 받지 못했다. 이 일로 인해 죄책감과 자괴감이 걷잡을 수 없이 커져서 친구들을 마주할 수도 없었고, 자신의 책임을 인정하며 사과조차 할 수 없었던 그는 결국 휴학을 선택했다.

이 사례를 통해 우리는 자신의 부족함을 받아들이지 못하면 진정한 학습이 불가능하다는 사실을 알 수 있다. 우리는 학습 단계에서 불가피하게 자신을 평가하는 과정을 거친다. '왜 나는 한 번에 이해하지 못하지?', '왜 나는 완벽하게 해내지 못하지?'와 같은 스스로에 대한 실망과 질책이 계속되기도 한다. 이럴 때일수록 자신의 무지함을 담담하게 받아들이고 인정해 보자. 무언가를 이해할 수 없고 궁금하다는 것은 탐구심과 지적 호기심이 발동되고 있다는 증거이니 말이다.

둘째, 진정한 학습은 실질적인 행동과 꾸준한 연습을 통해 이루어지며, 충분한 양적 변화가 질적 변화를 일으킨다.

혹시 기타를 배워본 적이 있는가? 나는 단순히 취미 차원에서 기타 연주를 배우기 시작했다. 그런데 손가락이 내 의지대로 움직여지지 않고 열심히 코드 연습을 해도 좋은 선율이 나오지 않자 점점 짜증과 불안이 밀려왔다. 머릿속으로는 꾸준히 연습하면 점차 나아질 것이라고 알고 있었지만, 마음속 초조함이 좀처럼 사라지지 않았다. '연습이 정말 효과가 있긴 할까?' 결국 상담사에게 기타 연습에 관한 고충을 털어놓자, 그는 이렇게 말했다.

"그것이 바로 학습의 즐거움이죠. 그런데 당신은 그 즐거움을 즐기고 있는 것 같지 않네요."

나는 그의 말에 동의할 수밖에 없었다. 손가락이 말을 듣지 않을 때마다 좌절하면서 스스로를 바보라고 생각했기 때문이다. 상담사는 "당신이 좌절하는 이유는 '배운다'는 생각보다 큰 노력 없이 하루아침에 멋지게 연주할 수 있을 거라는 환상이 더 컸기 때문이에요."라고 덧붙였다. 나는 그의 말에 깊이 공감했다. 그 후 나는 매일

10~15분씩 기타 연습을 했고 직접 녹음해서 여러 번 들어보며 부족한 부분을 찾아내기도 했다. 그로부터 일주일이 지나자 기적적인 일이 일어났다. 여느 때처럼 기타를 들고 연습을 시작하는데, 갑자기 연주가 물 흐르듯 순조롭게 이어지는 것이었다. 순간 내 마음은 자기 만족감과 자기 효능감으로 가득 채워졌고, 나는 학습과 연습 과정에 대해 자신감을 품게 되었다.

우리는 새로운 무언가를 배울 때 '과연 얼마나 오래 연습하고 공부해야 이것을 마스터할 수 있을까?'라는 불안을 느끼곤 한다. 이러한 감정에 지나치게 함몰되면 더 이상의 노력에 회의감을 느끼고 중도에 포기해 버릴 수도 있다. 지식의 축적과 노력을 통해 얻어지는 자기만족감은 단어 하나하나를 외우고, 코드 하나하나를 연습하는 과정에서 이루어진다.

'잘한다'의 전제조건은 '한다'임을 잊지 말자.

과거와 멋지게 작별하라

사람들은 이런 말을 하곤 한다.

"만약 그때 그 선택을 하지 않았다면…."

"만약 그때 내가 사람들에게 이렇게 하자고 했다면 지금의 결과는 다를 텐데…."

그러나 우리네 인생에 '만약'이란 없다. '만약'이 없다는 것은 자신이 처한 상황에서 현존하는 자원과 정보를 최대한 활용하여 내린 결정은 그 당시 자신이 할 수 있는 최선의 선택이었다는 것이다. 물론 상황이나 시기에 따라 자신이 생각하는 최선이 달라질 수 있기에 서로 비교할 수는 없다.

'만약'은 그저 환상일 뿐이다. 사람들은 원치 않는 상황에 부딪히면, 즉 어떤 일의 결과가 기대한 바와 다르면 자연스레 이 환상을 소환한다. 또 어떤 사람은 소중한 사람을 잃었을 때 '만약'이라는 단어를 써서 그의 죽음을 자신의 탓으로 돌리기도 한다.

우리는 모든 미래를 예측할 수도, 과거를 불러올 수도 없다. 다만 지금 이 순간, 현재야말로 우리가 컨트롤할 수 있는 가장 소중한 시간이다. 현재를 가장 소중하게 여기지 않으면 보이지 않는 미래만 좇다가 현재와 함께할 기회를 놓치게 된다.

불안감은 현재를 소중히 여기지 않는다는 신호와 같다. 불안을 느끼는 사람들의 머릿속엔 온통 과거에 대한 후회와 미래의 걱정뿐이기 때문이다.

문득 내가 처음으로 명상을 배웠을 때가 생각난다. 첫 번째 연습에서 심신 수련을 하며 그 어느 때보다 평온하고 안정된 기분을 느꼈던 나는 두 번째 연습에서도 그 느낌을 다시 한번 경험하고 싶었다. 그래서 지난 시간에 배운 것을 최대한 떠올리며 몰입해 보았지만, 오히려 마음이 복잡해지고 불안감이 엄습했다. 명상 선생님께

이 고민을 털어놓자 선생님은 이렇게 말씀하셨다.

"그건 과거에 집착하기 때문이에요. 연습할 때마다 새로운 경험을 할 수는 있어도, 처음과 똑같은 경험을 할 수는 없답니다."

나의 불안감은 첫 번째 연습에서 받았던 좋은 느낌이 사라졌다는 사실에서 비롯되었던 것이다. 나는 그때 그대로의 느낌을 원했고, 그 느낌과 작별하고 싶지 않았기 때문이다. 이미 지나간 시간을 떠나보내지 못한 나는, 새로운 명상에서 좋은 경험을 얻는 기회를 놓치고 말았다.

우리는 상실과 아쉬움을 받아들이고, '과거'와 '작별'할 줄 알아야 한다. 현재가 가장 소중한 순간임을 깨달으면, 현재에 집중하고 충실하면서 더 이상 과거나 결과에 집착하지 않게 된다. 설사 기대와 다른 결과가 나오더라도 괜찮다. 이미 충분한 노력을 했으니 말이다.

'잘한다'의 출발점은 '한다'라는 것을 기억하고, 자신이 원하는 목표를 향해 용기 있게 나아가자.

실패를
배움의 기회로 승화하라

자신이 실패했다고 느끼는 이유는 여러 가지가 있을 것이다. 실패는 부정적인 감정을 동반하며 이러한 감정이 들면 자기도 모르게 자신을 모질게 평가하게 된다. 예를 들어, '나는 영원한 실패자야.', '나는 더 나아질 수 없어.', '이제 아무도 나를 믿지 않을 거야.'와 같은 자괴감에 빠져 자신을 벼랑 끝으로 내몰기도 한다. 실패를 겪었을 때 부정적인 감정을 느끼는 것은 지극히 정상이지만, 그렇다고 모든 책임을 자신에게 돌릴 필요는 없다. 무력감과 절망감에만 빠져 있으면 실패가 몰고 온 감정의 소용돌이에서 벗어나지 못하고, 그 속에서 교훈을 찾을 수 있는 기회를 놓치게 된다.

실패를 배움의 기회로 전환하기 위해서는 사건의 모든 과정을 객관적인 시각으로 되짚어보며 그 속에서 경험과 교훈을 얻어야 한다.

이 연습을 위해 '실패를 배움으로 전환하기'를 작성해 보자. 최대한 3인칭 관찰자 시점을 사용하여 작성한다. 이는 다소 진부한 방식처럼 느껴질 수도 있겠지만 효과가 꽤 좋은 편이다. 제3자의 시각에서 자신의 사건을 바라보면 자신의 반응을 더 잘 이해할 수 있고 부정적인 감정이 완화될 것이다.

실패를 배움으로 전환하기	
3인칭 시점에서 해당 실패를 전반적으로 살펴보자	
실패한 부분은 무엇인가?	
잘한 부분은 무엇인가?	
실패의 원인은 무엇인가?(외부적/내부적)	
이 일을 다시 시작한다면 어떤 단계에서 새로운 방식을 시도할 것인가? 새로운 방식은 구체적으로 무엇인가?	
무엇을 배웠는가?	
실패 경험을 다른 사람들과 공유하는 기회가 있다면 어떻게 이야기할 것인가?	

자신을
'과감하게' 사랑하라

나는 나로서 충분히 괜찮은 사람이다

나이가 지긋하신 어르신들이 자주 하시던 말씀이 있다.

"이겨내지 못할 고난은 없다. 그저 즐기지 못하는 행복만 있을 뿐이다."

처음에 나는 이 말을 도무지 이해할 수 없었다. 고난은 이겨내는데 행복은 누리지 못하는 바보가 세상에 어디 있단 말인가?

나는 지난 10여 년 동안 수많은 내담자와의 상담을 통해 '누리지 못하는 행복'에 관한 많은 이야기를 들으면서 한 가지 사실을 깨달았다. 모든 사람은 고통받기를 원하지 않지만 갖가지 고통에 불가피하게 노출되어 있기에, 행복이 찾아왔을 때 이를 충분히 즐기지 못하고 허무하게 놓쳐버린다는 것이다. 이는 사람들의 마음속에 '나는 행복과 어울리지 않아'라는 편견이 깊숙이 자리 잡고 있기 때문이다. 나는 행복과 사랑을 누릴 자격이 없다고 생각하며 마음의 문을 닫아버리는 것은 인간의 기본적 권리, 즉 사랑을 주고받을 권리를 의심하고 부정하는 것과 같다.

'태어나서 미안해.' 요즘 젊은 세대들 사이에서 이 말이 유행한다는 말을 들었을 때, 나는 가슴 한구석이 아려왔다. 그들의 내면에는 한 생명이 꽃을 피우려고 할 때마다 무거운 죄책감과 수치심이 끊임없이 방해할 것이다. 꽃을 피운다는 것은 그들에게 곧 유죄를 의미하기 때문이다. 하지만 우리의 부모 세대도 평탄하지 않은 삶 속에서 숱한 어려움과 고충을 겪으며 정신적 상처를 안고 살아왔다. 물론 자녀 양육 과정에서도 갖가지 내적 갈등을 겪기도 했을 것이다. 그리고 그들의 후손인 우리는 이러한 부모의 영향을 고스란히 받을 수밖에 없었다.

자녀를 사랑하지 않는 부모는 없다고 하지만, 어떤 부모의 사랑 방식은 자녀에게 깊은 상처를 입히기도 한다. 자기중심적인 부모의 경우, 그들은 이상적인 '틀'을 만들어 놓고 자녀가 그 틀에 맞게 성장하기를 원한다. 그리고 아이가 커가는 내내 '그 친구와는 어울리지 마라', '이 전공을 선택해라', '명문대에 들어가야 한다' 등의 갖가지 압박을 준다. 아마도 그들은 이러한 양육 방식이 자녀의 내재적인 생명력을 파괴할 수 있다는 사실을 망각했을 것이다.

나무는 적절한 물과 햇빛, 비옥한 토양이 있으면 건강하게 자랄 수 있다. 그런데 시시때때로 나뭇가지를 손질하며 성장 방향을 통제하면 자연스럽게 뻗어나갈 수 있는 생명력이 파괴된다. 아이의 성장도 나무와 같다. 부모가 지나치게 개입하면 아이는 '나는 아무리 노력해도 부모를 만족시킬 수 없다'라는 자괴감에 빠져 내적 가치감이 크게 약해진다.

앞서 언급한 사례자 민우의 이야기로 돌아가 보자. 민우의 부모님은 그가 잘나가는 '엘리트'로 성장하길 바랐기에 그가 SF소설을 쓸 때마다 온갖 비난과 폄하를 퍼부었다. 이런 아픈 기억은 그가 성인이 되어서도 줄곧 그를 괴롭혔고, 특히 대인관계에서 심각한 어려움을 빚었다. 그는 있는 그대로의 자신을 인정해 주고 사랑해 주는 사람은 없다고 확신하며, 늘 누군가를 만족시키기 위한 행동을 해야 한다는 강박이 있었다. 그러면서도 그는 다른 사람이 자신을 이용할 수도 있다는 의심에 사로잡혀 사람들을 경계하는 태도를 보이기도 했다. 이러한 내적 갈등은 그의 자존감을 천천히 갉아먹었다.

우리는 앞서 '진짜 자아'와 '가짜 자아'에 대해 살펴보았다. '나는 이걸 먹고 싶어요', '엄마는 나쁜 엄마예요'와 같이 거짓말을 못 하는 아이들이 머릿속에 있는 말을 그대로 꺼내는 것, 이것이 바로 진짜 자아다. 반면 가짜 자아는 '적응형 자아', 또는 '사회적 자아'로 불리며, 사회에 적응하기 위해 발전한 자아 기능이다. 가짜 자아가 진짜 자아와 극단적으로 분리될 때, 사람들은 자신이 사랑받을 가치가 있는지 의심하게 된다.

이 관점에서 볼 때, 자기를 사랑하는 법을 배우기 위해서는 적어도 두 가지 조건을 충족해야 한다.

첫째, 자기 자신을 충분히 이해하고, 자신의 다양한 면을 수용할 줄 알아야 한다. 둘째, 나의 존재 자체를 사랑해 주고, 나의 모든 것을 받아줄 수 있는 상대를 만나봐야 한다. 즉, 진짜 자아와 가짜 자아가 일치되는 경험이 필요하다.

자기 자신을 사랑한다는 것은 '태어나 줘서 감사해'와 같은 높은 자존감을 의미한다. 한껏 치장한 모습이든, 세수도 안 한 부스스한 모습이든, 언제나 나는 충분히 '괜찮은 사람'이라고 생각하는 것이다. 연인관계에서도 오늘 나의 상태나 모습이 어떠하든지 항상 '나는 충분히 사랑받을 가치가 있는 사람'이라는 느낌을 주는 상대를 만나야 한다.

사실 사랑에는 많은 노력이 필요하지 않다. 마치 한 생명이 잉태되어 이 세상에 태어나는 것처럼 너무도 자연스럽게 일어나는 것이다. 다만 세상의 숱한 고충과 고통이 우리가 사랑의 존재를 느끼는 것을 방해할 뿐이다.

사실 사랑에는 많은 노력이 필요하지 않다.
마치 한 생명이 잉태되어
이 세상에 태어나는 것처럼
너무도 자연스럽게 일어나는 것이다.

사랑은 통제와 아첨으로 얻어지지 않는다

사람들은 상대가 자신의 모든 요구를 들어주는 것이 나를 사랑하는 증거라고 생각하는 사람들이 많다.

내 친구 A는 기분이 안 좋은 일이 생기면 남편에게 곧바로 전화를 걸어 당장 집으로 오라고 재촉한다. 이에 남편이 허겁지겁 집으로 달려오면 친구는 매우 기뻐하면서도 한편으로는 자신이 무리한 요구를 해서 남편에게 피해를 줬다는 죄책감을 느끼기도 한다.

이와 같이 A가 남편을 통제하는 것은 자신이 충분히 사랑받을 만한 존재임을 믿지 못해서이며, 이런 식으로라도 사랑을 확인하여 자신의 가치를 증명하고 싶어서다. 그녀는 남편에게 무리한 요구를 하며 자신에 대한 사랑을 증명해 주길 원하면서도, '사실 나는 이런 사랑을 받을 자격이 없어'라고 자기 비하에 빠지는 모순적인 갈등에 시달렸던 것이다.

A는 어린 시절 매우 엄격한 가정환경에서 자랐다. 그녀는 부모님에게 늘 순종했고, 선생님이 명문대 입학을 권유하자 선생님을 실망시키지 않기 위해 갖은 노력을 했다. A가 유독 부모님과 선생님 말씀에 순종했던 이유는 뭘까? 순종하지 않으면 어른들이 자신을 좋아하지 않으리라 생각했기 때문이다. 이는 그녀가 받아온 사랑은 모두 조건부 사랑이었음을 의미한다. 그녀는 어른들이 무언가 요구를 하는 것이 자신을 사랑하기 때문이라고 생각하지 않았고, 자신

이 순종하는 것 또한 그들을 사랑하기 때문이라고 생각하지 않았다. A의 머릿속엔 그저 안 하면 안 된다는 생각뿐이다. 부모님이 시키는 대로 안 하는 날에는 온종일 혼나고 밥까지 굶으며 반성문을 써야 했으니 말이다. 이런 환경에서 그녀는 자기 자신의 존재 가치를 점차 망각했고, 상대를 통제하며 사랑을 요구하는 법을 자연스럽게 체득하게 되었다.

또 다른 유형의 사람들은 상대를 통제하는 방식이 아닌 '비위 맞추기'식의 왜곡된 사랑을 하며, 그들은 이러한 방식을 통해 원치 않는 상황을 부정하는 경향을 보인다.

일반적으로 인간의 감정은 편안함과 불편함으로 나뉘는데, 사람들은 대부분 슬픔, 분노, 실패, 우울과 같은 불편한 감정보다 긍정적이고 행복한 감정을 선호한다. 이는 당연한 인지상정이지만, 어떤 상황을 회피하거나 인정하지 않기 위해 '모든 게 다 좋다'라고 꾸며낼 때도 있다.

한 내담자의 어머니는 돈 쓰는 것에 유독 민감한 분이었다. 어린 시절 어머니께 용돈을 달라고 하면 어머니는 늘 인상을 찌푸렸고, 그럴 때마다 그는 자신이 어머니를 힘들게 만들고 있다며 자책할 수밖에 없었다. 때로는 어머니의 지나친 인색함 때문에 자신은 사랑받을 가치가 없는 존재라고 느꼈으며 나중에 크면 자신은 절대 어머니처럼 인색하게 살지 않을 거라고 다짐했다. 그렇게 어른이 된 그는 다른 사람들과 밖에서 식사를 할 때마다 언제나 앞장서서 지갑을 열었다. 그러다 누군가 더치페이를 제안하면 속으로 '저 구두쇠 같은 녀석'이라고 욕하며 혀를 차기도 했다. 사실 그 순간, 어머니의 모습이 오버랩되면서 자신도 모르게 거부반응을 보이는 것이다.

하지만 대범하게 돈을 잘 쓰는 '나'는 그의 '가짜' 자아로, 그가 원하던 '이상적' 자아의 모습일 뿐이다. 따라서 자신의 진짜 감정과 대립되었다. 그의 진짜 자아 속에는 어머니를 인정하는 부분, 즉 '돈 버는 것은 힘들다', '돈을 아껴 쓰고 늘 절약해야 한다'와 같은 생각이 존재한다. 그러나 어린 시절 고통스러웠던 경험 때문에 그는 자신이 어머니를 닮았음을 애써 부정하며 극단적인 가짜 자아의 가면을 써야만 했던 것이다. 결국 무의식중에 '진짜 자아'와 '이상적 자아'가 서로 분리되고 대립되는 상황이 초래되었다.

이런 유형의 사람들은 자기 자신에겐 인색하면서 타인에게는 무척 관대한 모습을 보인다. 이러한 모순적 성향이 자신을 괴롭게 할지라도 스스로에게 관대해지기는 어렵다. 그래서 자신에 대한 내적 수치심을 가진 사람들은 자신에게 주어야 할 사랑과 에너지를 제3자에게 쏟아붓기도 한다. 그 대상은 연인일 수도 있고 반려동물이 될 수도 있다. 그들은 자신이 선택한 대상에 광적인 사랑을 바치며 이런 환상을 품는다. '내가 사랑해 주는 것처럼 너도 나를 똑같이 사랑해 줄 거지?' 그들은 자기 자신을 사랑하는 일이 너무도 어렵게 느껴지기 때문이다.

하지만 그들이 끊임없이 상대의 비위를 맞춘다고 해도 상대 역시 언제까지나 원하는 대로 사랑해 주리라는 보장은 없다. 깊은 수치심 때문에 자신의 솔직한 마음을 드러내지 못하는 그들은 이에 분노하며 속으로 외칠 것이다.

'날 좀 사랑해 주란 말이야!'

나의 '하드웨어'에 새로운 코드를 입력하라

현대 신경과학 연구에 따르면, 태아는 출생 4개월 전부터 이미 이 세상에 나올 준비를 시작한다고 한다. 엄마의 목소리나 냄새에 반응하며 내적 감각을 키우고 외부 자극에 대비하는 이 과정은 태아의 신경계 발달에 큰 영향을 미친다.

예를 들어, 아기는 배고픔을 느끼면 울거나 몸을 배배 꼬는 행동을 통해 엄마의 주의를 끌어 자신의 불편함을 알린다. 만약 아기가 원하는 것을 엄마가 즉각적으로 정확하게 파악하고 충족시켜 주면, 아기의 신경계에 '이렇게 행동하는 것은 효과적이다'라는 메모리가 저장된다. 반면 엄마가 아기의 울음에 반응하지 않거나 아기가 원하는 것을 제대로 충족시켜 주지 않으면, 아기의 신경계에 '이 세상은 무서운 곳이다. 내가 배고플 때 도움을 받는 것이 쉽지 않다'라는 메모리가 기록된다. 그러면 아기는 도움이 필요하더라도 이를 마음껏 표현하지 못할 수 있다. 이는 무의식중에 '욕구를 표현하면 더 큰 상처를 받을 수 있다', '내가 온 힘을 다해서 표현해도 반응을 얻지 못할 바에 차라리 포기하는 게 낫다'라는 인식이 새겨졌기 때문이다. 이런 아기들은 어른이 되면 주변에 가족과 친구들이 있어도 늘 외롭다고 느끼는 경우가 많다. 주변 사람들에게 자신의 마음을 좀처럼 털어놓지 않는 그들에게 그 이유를 물어보면 아마도 이렇게 대답할 것이다.

"말하고 싶지 않아요. 어차피 아무도 저를 이해하지 못할 텐데요 뭘." 만약 그들에게 "상대가 어떤 반응을 보였을 때 당신을 이해하지 못한다고 느꼈나요?"라고 묻는다면, 그들은 "사실 누군가에게 제 마음을 얘기해 본 적은 없어요. 애써 얘기한들 누가 절 도와줄 수 있겠어요."라고 대답할 것이다.

'사람들은 나를 이해하지 못해!'라는 말에는 두 가지 의미가 있다. 첫째, 그들은 과거 자신의 감정을 표현한 적이 있었지만, 어머니(양육자)가 이를 즉각적으로 정확하게 알아차리지 못했다. 둘째, 그들은 과거의 안 좋은 경험으로 누군가에게 자신의 감정을 표현하는 것은 아무런 도움이 되지 않는다고 생각한다.

그들은 자신이 한마디만 해도 바로 알아듣거나 심지어 아무 말하지 않아도 자신의 마음을 이해해 주는 사람을 원한다. 그런데 여기서 주의해야 할 점은, 인간관계에서의 '이해'란 상호 학습의 과정이라는 것이다. 상대가 자신을 이해해 주길 원한다면 일방적인 이해가 아닌 양쪽 모두의 노력이 필요하다. "너의 생각은 이게 맞아?", "나는 이렇게 생각해."와 같은 대화와 소통을 통해 두 사람의 생각과 감정을 지속적으로 공유하고 확인해야 하는 것이다.

사실 '표현'의 욕구는 인간의 본능이다. 마치 아기가 배고프면 울음으로 자신의 욕구를 표현하는 것처럼 말이다. 그런데 우리는 '눈물은 최대한 참아야 한다'고 배우며 자랐다. 그리고 때로는 원하는 것을 표현해도 제때 충족되지 않거나 반응이 없어서 분노와 슬픔을 느끼기도 한다. 이로 인해 자신의 감정을 표현하거나 신호를 보내는 것에 두려움과 거부감을 느끼고 마음의 문을 점차 닫는 것이다.

나를 찾아온 내담자들을 보면, 그들이 상담실에 왔다는 것 자체가 도움이 필요하다는 신호일 것이다. 그런데 대부분의 내담자는 이렇게 대화를 시작한다.

"음, 할 말이 있었는데, 무슨 말을 해야 할지 모르겠어요. 선생님이 먼저 물어봐 주세요." 물론 그들은 할 말이 산더미처럼 있겠지만 표현에 서툴기도 하고 한편으로는 말해 봤자 소용없으리라 생각할 수도 있다. 아마도 그들은 이렇게 생각할 것이다.

'내가 힘들게 다 털어놓았는데 선생님이 이해하지 못하면 어쩌지? 나중에 실망할 바에 차라리 처음부터 큰 기대를 하지 말자.'

이처럼 자신은 아무 말도 하지 않으면서 상대가 자신이 원하는 것을 알아차려서 대신 표현해 주길 바라는 것은 사실 갓난아기식의 바람이다. 갓난아기는 어려서 말을 못 하는 거지만, 왜 어른이 된 그들도 '말을 못 하는' 걸까? 이는 그들의 표현 능력이 충분히 발달하지 않았거나, 주변 환경과 대상이 자신의 감정을 드러내기에 적합하지 않아서 두려움을 느끼기 때문이다. 마음을 표현하지 않을수록 더욱 표현에 서툴게 되고, 결국 갓난아기식의 표현만 할 줄 아는 단계에 머무르게 되는 것이다.

표현의 전제는 자신이 '원하는' 것이 정확히 무엇인지를 '인식'하는 것이다. 아기는 엄마의 반응을 보며 배고픔이나 지루함, 배변의 느낌 등을 이해하고 연결점을 만들어간다. 그리고 성장하면서 다른 사람들과의 상호작용을 통해 자신이 원하는 것이 무엇인지, 감정이 무엇인지를 천천히 배워간다.

세심한 양육과 교육을 받지 못한 사람의 감정은 매우 단순하고 극단적인 특징을 보일 수 있다. 마치 어린아이가 영화를 볼 때, "그래서 이 사람은 착한 사람이야, 나쁜 사람이야?"라고 묻는 것처럼, 좋고 나쁨, 사랑과 미움만을 구별할 수 있는 감정 발달 단계에 머무를 수 있다. 이는 감정을 분류하고 세분화하는 수준이 낮은 발달 단계에 속한다. 감정의 세분화는 내가 그 상황에서 어떻게 느꼈는지 생각해 보고 그 감정을 구체적으로 표현하며 감정을 보다 세밀하게 만드는 작업이다. 감정의 세분화 과정은 다음과 같다.

"나는 그를 사랑하는데, 이건 어떤 종류의 사랑일까? 단순한 호기심? 깊은 호감? 아니면 의지하고 싶은 마음?"

"나는 오늘 너무 슬퍼. 이는 어떤 종류의 슬픔일까? 곤란함? 분노? 좌절감?"

감정을 끊임없이 학습하면서 감정 '하나하나'에 이름을 짓는 것 또한 중요하다. 그렇게 감정을 읽다 보면 자신이 원하는 것이 무엇인지 알게 되고, 자신의 감정과 원하는 것을 정확하게 인식할 때 이를 확실하게 표현할 수 있다.

어릴 적 부모에게 받은 대우(적절한 호응 또는 무관심)는 훗날 자기 자신과 타인을 사랑하는 태도와 행동 패턴에 큰 영향을 끼친다. 자녀가 새 '하드 드라이브'라면, 부모나 양육자는 이 '하드 드라이브'에 처음으로 기본 코드를 입력하는 대상과 같다. 물론 그 하드 드라이브는 '공장 초기화' 설정 또한 갖고 있다. 성인이 된 우리는 자신의 '하드 드라이브'의 기본 코드가 무엇인지 재검토해 볼 필요가 있다.

아마 누군가는 이렇게 말할 것이다.

"선생님, 저는 도대체 어떻게 해야 하죠? 제가 표현에 서툴고 나 자신을 충분히 사랑하지 않는다는 건 알아요. 하지만 이건 어렸을 때 부모님이 제 요구사항을 제대로 들어주지도, 충분히 사랑해 주지도 않으셨기 때문이잖아요."

이는 자신의 '하드 드라이브'에 입력된 기본 코드의 문제를 꼬집는 것이다. 그러나 성인이 된 후의 성장은 자기 자신을 돌보는 과정, 즉 셀프 프로그래밍의 과정이다. 우리는 자신의 문제를 점검하고 해결하기 위해 먼저 자신의 '하드 드라이브'의 기본 코드를 확인하고, 새로운 코드를 어디에 입력할 수 있을지 살펴보아야 한다. '하드 드라이브'의 기본 코드를 삭제할 수는 없지만, 새로운 코드를 입력하여 이를 '보완'할 수는 있기 때문이다.

진실한 내면과의 소통이 곧 자존감이다

자존감이 낮을수록 자신을 사랑하기 위한 다양한 노력이 필요하지만, 정작 진정한 자기애가 무엇인지 잘 모르는 사람들이 많다. 한 내담자에게 "음, 이야기를 들어보니 당신은 자기 자신을 충분히 사랑하는 것 같지 않네요."라고 말하자 그녀는 이렇게 대답했다.

"충분하지 않다고요? 선생님, 그거 아세요? 저는 작년에 가방을 세 개나 샀어요. 나를 위해 돈 쓰는 걸 아까워하지 않고 사고 싶은 건 다 산단 말이에요. 이 정도면 내 자신을 많이 사랑하는 게 아닌가요? 저는 오히려 이 사랑이 너무 지나친 건 아닐까 걱정이 될 정도라고요."

실제로 자신을 위해 돈을 쓰는 것을 자신에 대한 사랑의 표현이라고 오해하는 사람들이 많다. 그들은 '소유한 물건이 많을수록 행복해진다'라고 생각하는데, 이러한 오해는 내적 결핍에서 비롯된다. 안타깝게도 내적 결핍이 있는 사람은 무엇을 소유하든 완벽한 충족감을 느끼지 못한다.

우습고도 씁쓸한 상담 일화가 하나 있다. 어느 날, 한 내담자가 이렇게 말했다.

"선생님, 저 오늘 몸이 좀 안 좋아요. 배탈이 났는지 계속 설사를 하네요. 아마 상태가 안 좋은 수박을 먹어서 그런 것 같아요."

나는 의아해하며 그에게 왜 그런 수박을 먹었는지 물었다.

"아, 수박이 곧 상할 것 같았거든요. 그냥 버리기엔 너무 아까워서 먹었죠."

"당신은 한 가지 중요한 사실을 생각하지 못했군요. 상한 수박을 먹어서 급성 장염에 걸리거나 건강상의 심각한 문제가 생기면 더 큰 비용이 들잖아요."

"음, 그때는 아까운 수박을 버리면 뭔가 벌 받을 것 같다는 생각만 했어요."

"그런데 이렇게 설사로 고생하는 걸 보니, 자신에게 벌을 주고 있는 것 같은데요?"

"하하. 맞는 말이네요. 그거 아세요? 오늘 아침에도 친구한테 요즘 내가 유통기한이 지난 빵을 열흘째 먹고 있다는 말을 했거든요. 만약 열흘 전에 빵을 먹었다면 지금처럼 이렇게 궁상을 떨 필요도 없었을 텐데 말이에요."

그는 멋쩍게 웃다가 이내 우울한 기색을 보였다.

"그러고 보니 평소에 자신을 위한답시고 많은 먹거리를 사면서도 신선한 음식을 제대로 먹어본 적이 없네요."

이 내담자는 겉으로 보기에는 물질적으로 풍족해 보였지만, 그 물질적인 것들이 그의 자존감을 높이는 데 아무런 도움이 되지 않은 듯했다.

물건을 사는 것, 또는 물질적인 만족을 찾는 것은 본질적으로 '진짜 나'를 사랑하는 것이 아니라 '좋아 보이는 나'를 사랑하는 것이다. 이런 의미에서 볼 때, 자존감은 우리가 어떻게 자신의 가장 진실한 내적 부분과 소통하느냐와 직결된다.

우리는 자존감을 날마다 조금씩 쌓아 올릴 수 있다. 내 얼굴에 불룩 튀어나온 뾰루지를 사랑해 보고, 하나둘 생겨나는 눈 밑의 주름을 사랑해 보고, PPT를 만들다 또 중요한 정보를 빼뜨린 나의 건망증을 사랑해 보고, 바쁜 출근길 아침에 지하철을 놓치고 비몽사몽 회사에 도착한 자신을 사랑해 보는 것이다. 간단히 말해, 자기 자신을 사랑한다고 느낄 수 있는 사소한 일들을 꾸준히 실천해 보는 것이다.

'자기 자신을 사랑한다'는 것은 보다 관대한 마음으로 자신을 대하는 것을 의미한다. 그런데 우리 주변에는 마치 자신이 서커스 트레이너가 된 것처럼 자신을 끊임없이 채찍질하는 사람들이 많다.

상담을 하다 보면 유독 안쓰럽게 느껴지는 내담자들이 있다. 그들은 각자의 분야에서 남부럽지 않은 커리어를 갖고 있지만, 상담실에 들어오기만 하면 자신이 얼마나 형편없고 타락했으며 무능한지를 줄줄이 늘어놓기 시작한다. 그리고 자신은 그 어떤 일도 제대로 할 수 없을 거라며 두려움에 떤다. 내가 그들의 장점이나 특기를 최대한 상기시켜 주면, 그들은 웃으면서 이렇게 말한다.

"음, 그래도 선생님이 이렇게 격려해 주시니까 기분이 좀 나아지네요."

그들은 내가 심리상담사이기 때문에 긍정적인 말을 해 주는 게 당연하다고 생각하는 것이다. 심지어 어떤 내담자는 "선생님 같으면 그 정도로 만족하실 수 있으세요? 기대치가 좀 낮으시네요."라고 차갑게 반박하기도 한다. 이런 경우에는 그들이 '자존감'을 쌓을 수 있도록 도와주기가 더욱 어려워진다.

예를 들어 '어떤 내담자에게 "당신은 화장하지 않아도 예뻐요."라고 말하는 것처럼, 내가 그들에게 솔직한 피드백을 주는 것은 당사자의 자기 평가를 부정하려는 것이 아니라, 자신의 감정과 제3자가 느끼는 감정을 모두 주의 깊게 살피도록 유도하려는 것이다.

상담사와 내담자는 서로 다른 주체이기에 각자 주관적으로 느끼는 감정이 전혀 상반될 수도 있다는 점을 깨닫게 하고 싶었다.

자기 자신에 대한 부정적인 평가는 수많은 관점 중 하나일 뿐이

만약 다양한 색깔의 감정이 공존할 수 있음을
받아들이지 않으면, 누군가 나에게
긍정적인 감정을 전달해 줘도
그대로 튕겨나갈 뿐 아무런 에너지도
흡수하지 못할 것이다.

다. 다양한 관점의 존재를 인정하게 되면, 화장을 안 한 내 얼굴이 못생겼다고 느껴지더라도 '아, 선생님은 화장 안 한 내 얼굴도 예쁘다고 하셨지.'라는 생각을 떠올릴 수 있다. 비록 자신은 이에 동의하지 않을지라도 사람마다 보는 시각과 심미관이 다르다는 것을 깨닫게 되는 것이다.

'선생님이 나한테 예쁘다고 말씀하실 때 진심이 느껴졌어. 다른 사람 눈에는 내가 예뻐 보일 수도 있겠구나.'

자신의 감정과 관점까지 모조리 바꿀 필요는 없다. 그저 내가 나에게 느끼는 감정과 다른 사람이 나에게 갖는 감정이 서로 다르다는 것을 인정하면 된다. 만약 다양한 색깔의 감정이 공존할 수 있음을 받아들이지 않으면, 누군가 나에게 긍정적인 감정을 전달해 줘도 그대로 튕겨나갈 뿐 아무런 에너지도 흡수하지 못할 것이다.

여러분은 누군가에게 칭찬을 받았을 때 어떤 감정이 드는가? 자존감이 낮은 사람은 타인에게 칭찬을 받아도 행복한 감정이 그냥 스쳐 지나갈 뿐이다. 그들은 '아, 다른 사람은 나를 괜찮은 사람으로 보는구나.'라고 생각하며 '나는 부족하다'라는 부정적인 감정을 덮으려고 애써 보지만 이 또한 쉽지가 않다. 이는 바로 그들의 하드 드라이브에 저장된 부정적인 '기본 코드' 때문이다. 따라서 우리는 자신의 '기본 코드'를 인정하면서도, 나를 돕고자 하는 사람들의 새로운 코드를 받아들일 준비를 해야 한다. 나를 바라보는 시각들의 다양성을 허용하면, 외부의 긍정적인 평가가 좋은 시너지를 불러올 것이다.

자존감을 쌓는 또 다른 방법은 '평정심'을 유지하는 것이다. 내가 이 책을 쓰기로 마음먹었을 때, 처음에는 머릿속에 여기저기 흩어진 글감들을 글로 정리하기가 쉽지 않았다. 그러다 문득, 나는 단순히 글을 쓰는 일에 어려움을 느낀 것이 아니라 내가 쓰고자 하는 내용 자체에 만족하지 못했다는 것을 깨달았다. 그 후로 나는 내용이 어떻든 하루에 최소 2천 자 분량의 글을 쓰기로 결심했다. 격식에 상관없이 생각나는 대로 써 보기도 하고, 스스로 질문을 던지며 어디에 어떤 내용을 담을 것인지 고민해 보기도 했다.

그렇게 날마다 꾸준히 글을 쓰면서 나의 불안감은 점차 줄어들었다. 전날 구상해 놓은 스토리라인에 맞춰 쓰다 보니 다음 날에 2천 자가 훨씬 넘는 분량을 써내기도 했다. 심적 안정감이 업무효율을 크게 향상시킨 것이다. 마치 오늘 영어 단어 10개를 외우고, 내일도 10개를 외우고, 모레도 10개를 외우면, 하루 만에 30개를 무리하게 외워야 할 필요가 없는 것처럼 말이다. 나는 지금도 매일 10~15분 정도 기타 연습을 하는데, 연습 시간이 짧은 것 같지만 그 연습들이 쌓여 어느새 꽤 많은 곡을 연주할 수 있게 되었다.

우리는 자신의 '기본 코드'를 인정하면서도,
나를 돕고자 하는 사람들의
새로운 코드를 받아들일 준비를 해야 한다.
나를 바라보는 시각들의 다양성을 허용하면,
외부의 긍정적인 평가가
좋은 시너지를 불러올 것이다.

자기관리는
자존감 회복의 첫 단계

평소에 '자기관리'가 자존감에 미치는 영향에 대해서 생각해 본 적이 없는 사람은 이 두 가지가 무슨 연관성을 갖는지 궁금할 수 있다. 실제로 자기관리는 자존감 향상에 매우 중요한 역할을 한다. 자기관리는 개인위생, 건강한 식습관, 적절한 운동과 같은 일상 활동을 포함하는데, 이러한 일상적인 활동은 내 몸의 감각과 리듬을 잘 읽을 수 있도록 도와준다. 즉, 내가 어떤 상황에서 허기짐이나 피곤함을 쉽게 느끼는지, 어떤 음식을 먹으면 속이 편해지는지 등 몸이 보내는 갖가지 신호를 파악해서 몸과 조화롭고도 친밀한 관계를 맺을 수 있게 도와주는 것이다. 이렇게 신체가 보내는 신호를 읽다 보면 감정이 보내는 신호에도 점차 기민해진다.

개인위생의 핵심은 신체를 늘 청결하게 유지하는 것으로, 이는 나의 외적인 모습을 사랑하는 데 큰 도움이 된다. 주기적인 샤워(우울해서 침대에 누워만 있고 싶을 때 따뜻한 물로 샤워를 하면 큰 도움이 된다), 머리 손질이나 손톱 손질 및 깨끗한 양치질 등 우리 몸 구석구석을 청결하게 관리하고, 어떤 옷이 나한테 잘 어울리는지 신중하게 생각해 보는 것도 중요하다. 자신의 외모에 관심을 기울이다 보면 자신감이라는 뜻밖의 선물을 얻게 될 것이다.

자기관리는 개인위생 외에도 건강한 식습관과 운동을 포함한다. 더욱 적극적이고 건강한 습관으로 자신의 신체 건강을 돌보는 것이다. 영양이 풍부하고 균형 잡힌 식사는 양질의 에너지를 제공하고 기분을 개선해 주며, 정기적인 운동은 활력 있고 긍정적인 태도를 갖추게 해 준다. 이 밖에도 수면 상태나 스트레스를 관리하는 것 역시 매우 중요한 자기관리의 일환이라고 할 수 있다.

다음 페이지에 제시된 〈자기관리 평가표〉는 여러분이 자신의 생활 습관을 관찰하고 기록하면서 기본적인 자기관리 수준을 개선하는 데 도움이 될 것이다. 특히 '장애 요소 및 위험 요소'란에는 어떤 특정 습관이 좋다는 것을 머릿속으로는 잘 알고 있으면서도 이를 실행하지 못하는 원인을 찾아보고, 자신에게 도움이 되는 방법들을 작성해 보자.

원한다면 이 평가표를 눈에 띄는 곳에 붙여놓고, 자신의 상태를 수시로 체크하거나 컨디션이 안 좋을 때 빠르게 회복할 수 있도록 자신에게 자극을 주는 것도 좋다.

자기관리 평가표			
자기관리	현황 평가	개선사항	장애 요소 및 위험 요소
			외부 요인/내부 요인
개인위생			
식습관			
운동 습관			
수면 상태			
기타			

가족이 남긴 상처
치유하기

새장 속의 새는 나는 법을 잊는다

　중국의 저명한 심리학자 청치펑^{曾奇峰} 선생은 "만병의 근원은 미분화^{未分化, undifferentiation}다."라고 말했다. 여기서 말하는 '미분화'란, 독립의 과정을 올바르게 정리하지 못한 채 무의식 속에서 원가족을 치유하려는 욕구를 가리킨다. 실제로 많은 사람이 부모가 개선되어야만 자기 자신이 변화할 수 있다고 생각한다. 그러나 진정한 분화^{分化}, 즉 '독립'이란 원가족에서 분리되어 자신의 상처를 치유하는 과정을 의미한다.

　자신을 치유한다는 것은 진정한 자신을 이해하고 수용하며, 어린 시절의 나는 능력에 한계가 있었기에 부모의 상처를 치유할 수 없었음을 인정하는 것이다. 부모의 상처는 그들의 삶에서 비롯된 고통이기에 이는 자녀의 책임도, 잘못도 아니며, 오히려 자녀와 무관한 일이라고 해도 무방하다. 하지만 부모님의 적절한 도움과 돌봄을 받지 못한 아이들은 그 잘못을 자기 자신에게 돌리곤 한다. 아마도 그 아이들은 수없이 자책했을지도 모른다.

'나는 왜 혼자서 제대로 못 하는 걸까? 나는 왜 이렇게 바라는 게 많을까? 나는 왜 부모님에게 피해만 끼치는 걸까?' 그러나 이 모든 것은 아이들의 잘못이 아니다.

부모는 그저 냉혹한 현실이 가져온 고통과 상처에 시달리고 있었던 것뿐이다. 어떤 부모는 새로운 삶의 희망을 자녀에게 걸고, 자녀가 자신의 인생을 밝게 비춰주길 바랐을 수 있다. 그래서 자녀는 부모님이 원하는 자랑스러운 아들·딸이 되어 부모님을 기쁘게 해드리기 위해 열심히 노력했을 것이다. 하지만 안타깝게도 자녀 혼자서 부모나 가족을 완전히 치유할 수는 없다. 그런데 많은 사람은 이 사실을 받아들이지 않고, 자신이 치유되는 것 또한 허용하지 않는다. 자기 혼자 자유롭고 행복한 삶을 사는 것은 부모나 원가족을 배반하는 것과 같다고 생각하기 때문이다. 그래서 그들은 부모의 고통이 치유되기 전까지는 자신의 치유받을 권리조차 용납하지 못한다.

우리는 자신을 옭아맨 굴레에서 벗어나야 한다. 부모님을 깊이 사랑하지만, 그들의 삶의 상처를 이해하고 공감해 주는 것 말고는 우리가 더 이상 할 수 있는 것이 없다. 이는 많은 심리학자가 "성인이 되는 중요한 단계 중 하나는 부모를 치유하려는 시도를 포기하는 것이다."라고 주장하는 이유라고 할 수 있다.

어떤 아이들은 부모님이 자신을 위해 더 많은 물질적·정신적 희생을 해 주지 않는 것에 실망하며, '우리 엄마 아빠는 완벽하지 않아.'라고 생각하기도 한다. 나도 어렸을 때는 부모님이 오빠와 나를 불공평하게 대한다는 생각을 자주 했다. 부모님은 태어난 지 얼마 안 된 나를 외할머니댁으로 보냈고, 오빠하고만 같이 살았기 때문이다. 나는 오빠가 남자이기 때문에 부모님의 사랑을 독차지하는 거라고 의심할 수밖에 없었다. '만약 내가 아들로 태어났다면 부모님이 날 더 예뻐해 주셨을까?' 이 생각은 오랜 세월 동안 내 머릿속을 떠나지 않았다. 나는 여자로 태어난 자신을 탓하기도 하고, '엄마, 아빠는 나빠! 다른 부모님은 이렇게 편애하지 않잖아!'라며 부모님을 원망하기도 했다. 나는 나 자신을 용서할 수도, 부모님을 용서할 수도 없었다.

어린 시절의 상처를 안고 사는 사람은 가끔 이런 환상을 품는다. '우리 부모님이 180도 변한다면 얼마나 좋을까? 부모님이 변하면 나도 달라질 수 있을 텐데.' 이러한 환상은 상처로 얼룩진 어린 시절을 떠나보내지 못하는 미련에서 비롯된 것이 아닐까. 어른이 된 우리는 자신의 '기본 코드'가 이미 생성되어 있다는 전제하에, 여기에 새로운 코드를 업데이트할 것인지를 결정해야 한다. 이는 이제 스스로 자신의 내부 시스템에 대한 책임을 져야 함을 의미하기도 한다.

어떤 사람들은 때로 운명을 탓하며 이렇게 분노하곤 한다.

'이것은 내 잘못도 아니고 부모님의 잘못도 아니라면, 그럼 난 누구한테 잘못을 물어야 하지? 도대체 누구 잘못인 거야? 나는 왜 이렇게 기구한 운명을 갖고 태어난 걸까? 친구들은 집 살 때도 부모님이 도와주시고, 부모님께 용돈을 드릴 필요도 없어서 자기 앞가림만 잘하면 되는데 내 꼴은 이게 뭐야. 서러운 전세살이를 못 벗어나고 이사를 밥 먹듯이 하고 있는데 이게 부모의 잘못이 아니라고?' 물론 어떤 부모는 자신의 삶의 민낯을 똑바로 바라보지 못한 채, 자녀의 성공만을 바라며 스스로에 대한 후회와 상처를 자녀가 치유해 주길 원할 수도 있다. 그래서 그들의 자녀는 요구하는 것만 많고, 그 어떤 지원도 해 주지 않는 부모님 때문에 혼자서 고군분투해야 한다고 분노하는 것이다.

그런데 그들은 이렇게 분노하면서도 부모님의 기대에 부응하려고 안간힘을 쓴다. 그러다 결국 기대치와 현실과의 괴리를 느끼고 더 큰 불행을 겪기도 한다. 자녀가 부모님의 목소리를 자신의 일부로 내면화하는 순간, 자기도 모르게 자신에게 엄격한 잣대를 들이밀며 한 치의 틈도 허용하지 않는다.

실현 가능성이 없는 기대는 과감히 내려놓고 나의 한계를 받아들이며 나를 사랑하고 치유하는 데 집중하는 것, 이것이 바로 우리의 중요한 해결 과제다.

인생의 도돌이표가 반복되는 이유

사람들은 연인이나 가족관계에서 부모님의 '왕년의' 시나리오를 재현하는 경향이 있다.

여성 B의 아버지는 늘 외부 출장이 많아 평소에 집에 잘 들어오지 않았다. 그래서 그녀는 '난 어른이 되면 항상 내 곁에 있어 주는 사람을 만날 거야.'라고 마음먹었다. 하지만 그녀는 커서 결국 외근이 많은 남자친구를 선택했고, 그런 남자친구에게 항상 '내 곁에 있어줘!'라는 무리한 요구를 했다. 마치 어린 시절의 상황과 시나리오를 그대로 옮겨와서 그 결말을 바꾸고자 하는 것처럼 말이다.

늘 자기 곁에 있어 줄 수 있는 남자친구를 원했다면 현실적으로 거리가 가까운 곳에서 인연을 찾아야 한다. 하지만 그녀는 겉으로는 '연인과 항상 붙어있고 싶다'고 말하면서도 자신과 거리가 한참 떨어진 곳에서 미래의 반쪽을 찾는 모순적 태도를 보였다. 그녀는 무의식적으로 과거에 익숙했던 상황, 즉 아버지가 자주 집에 들어오지 않으셨던 어린 시절을 재현하고 있었던 셈이다.

사실 그녀는 남자친구와 항상 붙어 있기를 바라면서도, 한편으로는 집에 같이 있으면 뭘 해야 할지도 모르고 연인관계를 다루는 방법도 서툴렀다. 어릴 적 부모님이 집에서 어떻게 시간을 보냈는지를 본 적이 없으니 이러한 상황을 어떻게 대처해야 하는지에 대한 '데이터'가 없었던 것이다. 그녀는 아버지 없이 어머니와 단둘이 있는 집, 그 텅 빈 허전함에만 익숙할 뿐이었다. 사실 그녀에게 '매일 집에 들어오는 남자'란 경험해 본 적도 없는 '낯선 코드'이기에, 연인과 오랫동안 함께 있어야 하는 상황이 올 때마다 큰 혼란에 빠졌다.

이렇게 사람들은 '우리 부모님처럼 불행한 삶을 살지 않을 거야.'라고 생각하면서도, 본능적으로 자신에게 익숙한 패턴을 따른다. 한 내담자가 이렇게 말했다.

"선생님, 제 삶은 늘 같은 패턴을 도돌이표처럼 반복해요. 제 첫사랑은 이미 여자친구가 있는 사람이었어요. 그리고 그 후에 만난 남자들 모두 여자친구가 있었죠. 저는 왜 여자친구가 있는 남자에게만 호감을 느끼는 걸까요? 저는 제 자신을 파헤쳐보면서 왜 이런 일을 계속 반복하는지 알아내고 싶어요."

그녀는 자신의 '기본 코드', 즉 어린 시절의 시나리오가 현실에 투영되고 있음을 자각하지 못했던 것이다. 어린 시절의 시나리오는 우리가 그 존재를 눈치채지 못했을 뿐, 늘 그 자리에 있다. 마치 아직 발견되지 않은 겨울 코트 주머니 속의 지폐처럼 말이다.

'나'라는 팀의 리더가 되는 법

'독립'은 성장에 대한 기대를 내포한다. 걸음마를 배운 아이들은 종종 선택의 갈림길에 서곤 한다. 걸을 것인가, 아니면 걷지 않고 엄마에게 안길 것인가? 걸을 수 있으면서도 품에 안기길 원하는 것은 내면에 깊이 남아 있는 갓난아기식의 욕망, 즉 절대 의존성에 대한 욕망(환상)이며, 이를 나쁘다고 치부할 수만은 없다. 이러한 욕망(완벽한 부모가 우리 대신 모든 문제를 해결해 주길 바라는 마음)은 아마도 평생 우리의 정신세계 한편에 자리 잡고 있을 것이다. 여기서 중요한 점은, 현실에서 자기 자신을 위해 노력할 때 이 욕망이 방해가 되어선 안 된다는 것이다. 이를 위해 우리는 욕망, 환상, 현실을 명확히 구분하는 법을 배워야 한다.

환상과 현실을 제대로 구분하면 자기 자신을 돌보는 길이 열린다. 나를 위한 새로운 코드를 입력하고, 나 자신의 양육자가 되어 자신을 돌보며, 내면의 어린 나를 사랑하는 진정한 어른이 되는 것이다. 우리는 가끔 지치고 힘들 때 '누군가 나를 안아줬으면 좋겠다'라는 생각을 하곤 한다. 그리고 때로는 친구나 연인에게 "나 오늘은 너무 쉬고 싶은데, 네가 나 대신 해 줄 수 있을까?"라고 애교부리며 어떤 일을 맡기고 싶을 때도 있다. 이러한 의존은 절대적 의존이 아니기에 충분히 허용될 수 있다.

그런데 상담을 하다 보면 어른이 되는 것 자체를 두려워하는 사람들이 의외로 많다. 어른이 되는 순간, 누군가에게 도움을 청하지 못하고 위로받지 못하며, 불만을 토로하지도 못한다고 생각하기 때문이다. 그들이 생각하는 독립이란, 다른 사람에게 절대 의지하지 않고 혼자서 모든 것을 해결해야 하는 삶을 의미한다.

그러나 다른 누군가에게 의지하지 않는 것은 '거짓된 독립'으로 정의된다. 겉으로는 혼자서 모든 것을 해낼 수 있는 어른처럼 보이지만, 사실 마음속에는 누군가에게 칭얼거리며 안기고 싶어 하는 어린아이가 존재한다. 그러다 밖으로 나오고 싶어서 연신 마음의 문을 두드리던 그 내면의 아이에게 틈을 내어 주면 상황은 180도 달라진다. 평소에는 다가가기 힘든 '아웃사이더'였던 그들이 연애를 시작하는 순간, 그야말로 '정신줄'을 놓고 만다. 그들은 마치 아무것도 할 수 없는 아기가 된 것처럼 상대에게 매우 의존적인 모습을 보인다. 오랫동안 '거짓된 독립'이라는 껍질에 매달려 간신히 버텨오다가, 더 이상 견뎌내지 못하고 이를 뚫고 나온 것이다.

내면의 어린 나를 따뜻하게 안아주고, '진짜 나'가 되자. 어른이라고 해서 혼자서 모든 팀원의 역할을 짊어질 필요는 없다. 성장하고 독립한다는 것은 '나'라는 팀의 리더가 된다는 뜻이다. 이 팀에는 친구, 동료, 연인, 부모, 심리상담사, 선생님 등 내 주변에 있는 다양한 사람들이 포함된다. 일상생활에서 다른 사람들의 도움과 지원을 받아도, 여전히 리더는 '나'다. 다른 사람에게 이 리더의 자리를 내주면, 당신은 통제당하는 사람이 되어 항상 누군가에게 조종받는 듯한 무력감에 빠질 것이다. 이는 '아이가 되고 싶다'는 치기 어린 욕망이 충분히 표출되거나 충족되지 않았기 때문에 무의식중에 자신의 자주권을 내려놓은 것이라고 볼 수 있다.

나만의
성장 스토리 만들기

여러 가지 이유로 가족끼리의 만남이 소원해지거나 연락이 뜸해질 때가 있다. 심지어 시간이 흐르면서 가족에 대한 기억조차 희미해지기도 한다. 나의 성장 과정과 가족 구성원 간의 연관성이 뚜렷하지 않으면 수많은 단편적인 기억들만 남게 되고 그 기억의 구슬들을 한 줄로 엮어내기가 점점 더 어려워진다.

가계도를 그려보고, '나와 가족의 성장 스토리'를 정리해 보자. 이는 여러분을 재미있는 시간 여행으로 안내할 것이다. 직접 만나거나 편지, 또는 전화 통화의 방식으로 가족들과 소통하면서 타임라인에 따라 자신이 개인적으로 겪었던 일과 가족이 함께 겪었던 일을 정리해 보자(떠오르는 내용을 마음껏 추가해도 좋다). 이 과정은 자기 자신을 이해하는 데 큰 도움이 될 것이다. 또한 연령대별로 나의

모습이 어떻게 변화했는지, 나의 '작은 세계(집)'와 바깥 세계에서
각각 무슨 일들이 있었는지 등을 이해하다 보면 자신과 외부 세계
간에 맺어진 연결고리를 확인하게 될 것이다.

<나의 가계도>

*아래의 대상에 해당하는 인물들의 출생지 및 생년월일을 기입해
나의 가계도를 작성해 보세요.

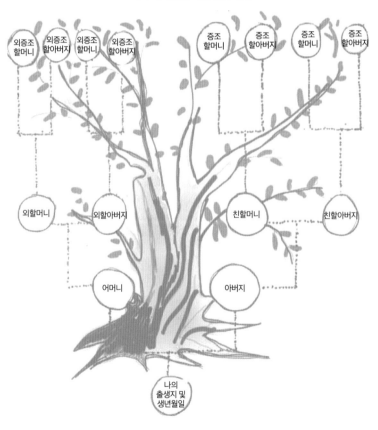

이 과정에서 부모, 조부모 그리고 더 많은 윗세대로부터 교훈을 얻을 수 있다. 물론 이를 통해 알게 된 집안의 크고 작은 일들이 마냥 행복하지는 않을 수도 있지만, 이러한 경험과 교훈을 활용 가능한 자원으로 어떻게 바꿀 수 있을지 생각해 보는 기회가 될 것이다.

이는 또한 '작별'의 과정이기도 하다. 완벽하지 않은 어린 시절과 작별하고, 완벽하지 않은 부모님과 작별하며, 그 시절 간절히 원했던 부모님의 사랑을 담담하게 떠나보내는 것이다. 떠나보내야 할 것들을 완전히 놓아주어야 슬픔을 새로운 에너지로 승화시킬 수 있고, '어린 시절의 시나리오'와 다른 길을 걷겠다는 용기를 얻을 수 있다.

나무의 뿌리가 깊고 단단히 박힐수록 나뭇가지가 위로 무성하게 뻗어나가는 법이다. 사람 또한 마찬가지다. 선조들부터 내려온 집안의 내적 자원을 배우고 활용하면, 자신의 정체성과 소속감을 더 깊이 탐구하고 발전시키는 데 큰 도움이 될 것이다.

<나와 가족의 성장 스토리>

타임라인	개인적인 사건 또는 가족이 겪은 사건	정보 출처 및 기억
1985년	나는 oo병원에서 태어났다. 어머니는 자연분만으로 나를 낳으셨고, 아버지는 출장 때문에 출산 다음 날 나를 처음으로 보셨다. 출산 때 외할머니가 옆에서 돌봐주셨다.	어머니
1996년	아버지가 직장을 그만두고 사업을 시작하셨다.	나의 기억
타임라인에 맞춰 계속 작성한다	과거의 기억을 회상하거나 주요 양육자와의 인터뷰를 통해, 나의 성장 과정과 가족이 겪었던 주요 사건들을 수집하고 기록해 보자. 예) 나는 갓난아기 때 모유를 먹었는가? 태어날 때부터 부모님과 함께 살았는가? 가장 초기의 기억은 무엇인가? 가족들이 보기에 어릴 적 나는 어떤 아이였는가? 돌보기 쉬운 아이였는가? 어렸을 때 나는 건강했는가? 병에 잘 걸리진 않았는가? 위와 같은 질문 외에도 나와 관련 있다고 생각되는 다양한 질문을 해 보자.	자신의 기억을 부모님이나 다른 보호자가 들려준 이야기와 비교·대조해 보자. 일치하지 않는 부분이 있는가? 불일치한다면 그 이유는 무엇이라고 생각하는가? 이에 대한 나의 느낌이나 생각을 써 보자.

자, 이제 가계도와 성장 스토리를 활용해 아래의 질문에 대한 답을 생각해 보자.

(1) 어린 시절 우리 집에서 가장 행복했던 순간은 언제였는가?

(2) 어린 시절 우리 집에서 가장 힘들었던 순간은 언제였는가?

(3) 위의 두 경험이 나에게 어떤 영향을 미쳤는가?

⑷ 가족(부모 포함) 중 나와 가장 가까웠던 어른은 누구이며, 그 이유는 무엇인가?

⑸ 나와 가장 가까웠던 어른의 성격은 어떠했는가? 그 어른과 나의 닮은 점과 다른 점은 각각 무엇인가?

⑹ 부모님의 관계는 어땠으며, 부모님은 서로를 어떻게 대했는가? 이는 현재 나의 연인관계와 비슷한 패턴을 보이는가?

⑺ 현재 나의 대인관계 스타일을 정리해 보고, '어린 시절 시나리오'가 재현되는 부분이 있는지 살펴보자.

⑻ 표에서 작성한 정보나 어느 특정 시기의 사건을 바꿀 수 있다면, 무엇을 어떻게 변경하고 싶은가? 그 이유는 무엇인가?

⑼ 나의 '성장 스토리'에 이름을 짓는다면 어떤 이름을 붙이고 싶은가?

완벽하지
않아도 돼

인생의 악보에 쉼표를 표기하라!

 '더 나은 나'가 되는 것을 '진정한 나'보다 중요하게 여긴다면 '나'라는 성곽은 모래 위에 쌓아 올린 듯 위태로워진다. 반대로 '더 나은 나'의 가능성을 아예 배제하면 성곽은 활력을 잃고 음침한 기운이 감돌 것이다. 이런 면에서 볼 때, '진정한 나'와 '더 나은 나'의 조화로운 통합은 내적 가치감을 높이고 자존감 시스템을 복원하는 데 매우 중요한 기반이 될 것이다.

 우리는 학습 계획을 세울 때 평일에는 열심히 공부하고 주말에는 쉬어야겠다고 계획하곤 한다. 그러다 막상 주말이 되면, 휴식 자체를 불안해하며 제대로 쉬지도 못하는 경우가 많다. 마찬가지로 평소에 꾸준히 운동하는 사람에게 일주일 동안 운동을 못 하게 하면 극도의 불안감을 느낄 것이다. 자신이 세워놓은 운동 계획이 틀어지고 그동안 열심히 쌓아 올린 것들(내면의 질서감)이 무너질까 봐 두렵기 때문이다.

사실 휴식은 더 멀리 가기 위한 디딤돌이기에 자신에게 충분히 쉴 수 있는 시간을 허락해야 한다. 또한 적절한 휴식은 권태감을 예방하는 완화제이기도 하다. 문득 '다 내려놓고 싶다'는 번아웃이 찾아오는 건 오랫동안 쉼 없이 달려왔다는 의미이다. 물론 권태감이라는 낯선 감정을 받아들이는 것 또한 매우 중요하다. 권태감은 누구나 느낄 수 있으며, 아무리 자신이 좋아하는 일이라도 어느 날 갑자기 '꼴도 보기 싫어지는' 순간이 찾아올 수 있다. 아이를 끔찍이 아끼는 엄마도 너무 피곤하고 힘든 순간에는 '내가 무슨 생각으로 얘를 낳았지?'라는 회의감이 들고, 배우자를 아무리 사랑해도 너무 화날 때는 '다 필요 없어! 더 이상 이렇게는 못 살아!'라고 생각하기도 한다.

우리네 삶은 오르내림을 수없이 반복하는 곡선을 그린다. 마치 심전도 그래프에서 위아래로 요동치는 파형처럼 말이다. 만약 이 그래프가 직선이 된다면 이는 곧 정지와 소멸을 의미한다. 죽음이란 더 이상의 변화가 없음을 뜻하며, 삶이란 무수한 변화와 기복이 있고 에너지가 충만한 순간과 저조한 순간이 있음을 뜻한다. 삶은 우리에게 이렇게 말한다.

"자신의 권태감을 받아들이고, 적절한 충전과 휴식의 시간을 가
져야 더 멀리 도약할 수 있다!"

휴식이란 한낮의 여유로운 티타임이 될 수도 있고, 인생이라는
기나긴 여정의 갭이어Gap year(학업이나 직장 생활을 잠시 중단하고 봉사,
여행, 진로 탐색, 교육, 인턴, 창업 등 다양한 활동을 직접 체험하면서 앞으로 자
신이 나아갈 방향을 설정하는 시간 -역주)가 될 수도 있다. 어떤 이들은
가끔 이런 말을 하곤 한다.

"저는 벌써 서른인데, 만약 서른다섯 살에도 제가 원하는 자리까
지 승진하지 못하면 휴식은 꿈도 못 꿀 거예요."

기억하자. 살아 있다는 것은 원하는 것을 이룰 기회를 손에 쥐고
있다는 뜻임을.

주변 친구들을 보면 '휴식'에 대해 죄책감을 느끼는 경우가 많다.
그들의 사전에서 휴식은 곧 시간 낭비를 의미하기 때문이다. 더 오
래, 더 열심히 일하면 더 많은 것을 성취할 수 있다는 환상의 저변
에는 휴식으로 시간을 지체하면 아무것도 이루지 못할 것이라는 두
려움이 존재한다. 그러나 과도한 업무로 인한 피로감은 생산성을
크게 떨어뜨릴 뿐이며, 진정한 휴식과 이완이야말로 생산성을 높이
는 핵심이다. 건강한 휴식을 위한 전제조건은 휴식과 일을 동등하
게 여기는 것이다. 휴식은 게으름이나 나태함이 아니라, 먹고 마시

고 자는 것과 같은 인간의 기본적인 욕구다. 휴식은 자신이 더 이상 버티지 못하고 무너지기 전에 자신에게 쉼표를 허락하는 것과 같다.

업무에 좀처럼 집중이 되지 않는다면 자신의 스케줄 사이사이에 휴식을 끼워 넣어 안정적이고 주기적인 휴식 시간을 가져보자. 사실 바쁜 생활과 휴식 모두 에너지가 될 수 있으며, 어떤 성과를 달성하는 것이나 잠시 내려놓는 것 모두 에너지가 될 수 있다. 그리고 성공도, 실수도 각기 다른 색깔의 에너지를 가져온다. 자기 자신을 아끼고 사랑하는 것을 멈추지 않는 한, 자신에게 일어나는 모든 일은 힘의 원천이 될 수 있음을 기억하자.

가구 위의 먼지도 날마다 '리셋'된다

우리는 권태감을 받아들이는 동시에, '성장은 힘든 과정이지만 고통받을 필요는 없다'는 사실도 받아들여야 한다.

'고충'과 '고통'은 차이가 있다. 워커홀릭처럼 항상 바쁘게 움직이는 사람들은 "그렇게 힘들게 사는 건 자신을 학대하는 것과 마찬가지야."라는 말을 듣곤 한다. 그런데 나는 '학대' 역시 성숙함과 미성숙함의 차이가 있다고 생각한다.

인생에서 고충이란 무엇일까? 과거에 모자 관찰 프로그램에 참여한 나는 그곳에서 흥미로운 장면을 보았다. 아기가 울자 베이비시터가 아기의 신호를 정확히 파악하고 매우 부드럽고 숙련된 손놀

림으로 기저귀를 벗기고 엉덩이를 닦아주었지만, 아기는 여전히 뭔가 불편한 듯 울음을 그치지 않았다. 그러자 베이비시터는 "아가야, 괜찮아. 금방 끝날 거야."라고 말하며 기저귀를 재빨리 갈아주었다. 그리고 아기를 포근하게 감싸 안고 안정적인 리듬으로 흔들며 콧노래를 불러주자 아기의 울음소리가 서서히 잦아들기 시작했다. 나는 이 장면을 보면서 사람은 불편한 상태에서 편안한 상태가 되기까지 어느 정도의 시간이 필요하다는 것을 깨달았다.

하루치 설거지를 힘들게 끝내고 나서 '아, 내일이 되면 싱크대에 설거지해야 할 또 다른 그릇들이 쌓이겠구나'라고 생각하는 것, 이것이 바로 인생의 고충이다. 세탁기 속의 빨래도, 가구 위의 먼지도 날마다 '리셋'된다. 이렇게 끝이 보이지 않는 일들은 마치 호흡이나 배설처럼 인간의 신진대사 과정의 일부이자, 우리가 살아 있다는 증거이다. 만약 우리가 삶의 고충을 회피하려고 한다면 더 어려운 상황에 처할 수도 있다. 삶의 고충은 사라지지 않을 뿐 아니라 또 다른 종류의 고통, 즉 그 고충을 없애고 싶지만 그럴 수 없는 현실로 인한 고통을 겪게 될 것이다. 이러한 고통은 우리 스스로 만들어낸 것과 다름없다. 기저귀를 갈 때는 원래 불편한 감정이 든다는 것을 받아들이면, 잠시 후에는 곧 편안해질 것이다. 치과에 가면 통증이나 불편함을 감수해야 함을 받아들이고 조금만 견디면 더 이상 치통에 시달리지 않을 것이다. 피아노를 연습하는 동안에는 짜증과 괴로움을 느낄 수도 있다는 사실을 받아들이면, 2주만 지나도 깊은 성취감과 만족감을 경험할 것이다.

반대로 이런 불편함을 감수하지 않으면 어떻게 될까? 2주 후에도 피아노 실력은 처음 그대로일 것이고, 이런 자신이 매우 한심하게 느껴질 것이다. 또한 여전히 치통에 시달리며 치과도 못 가는 겁쟁이라고 자책할 것이다.

그러므로 우리는 '진정한 나'가 되는 것은 고통이 아니라 그저 '고충'일 뿐이며, 고통은 피할 수 있지만 '고충'은 불가피한 현실임을 깨달아야 한다. 그리고 '온전한 나'는 진정한 나와 더 나은 나가 만나는 것이며, 인생에는 고충이라는 '흐린 날'과 행복이라는 '맑은 날'이 공존한다는 사실을 받아들여야 한다.

미국 작가 토니 로빈스Tony Robbins는 인터뷰에서 이렇게 말했다.

"살다 보면 성공이 쉽게 느껴질 때가 있다. 하지만 진정한 성장을 위해서는 성공보다 '만족감'에 초점을 맞추어야 한다."

마음에서 우러난 만족감을 느끼지 못하면, 더 나은 내가 되고자 하는 욕망은 오히려 걸림돌이 될 수 있다. 더 나은 내가 되려면 우리는 지극히 자연스러운 존재, 인간임을 먼저 인식해야 한다. 인간이기에 실수할 수 있고, 모순에 빠지거나 변덕을 부릴 수도 있다. 인간이기에 불로장생할 수 없으며 불안, 분노, 두려움과 같은 온갖 감정에서 벗어날 수도 없다. 물론 운이 좋으면 그 감정들을 능숙하게 다루는 법을 찾을 수 있긴 하겠지만 말이다. 많은 전문가는 '고난이야말로 훌륭한 배움의 기회가 될 수 있다'라고 입을 모아 말한다.

고난은 언제나 우리 인생의 일부였고, 앞으로도 영원히 그럴 것이다.

온전한
삶의 본질 깨닫기

발코니에서 수선화나 담쟁이덩굴과 같은 싱그러운 식물들을 바라보면 어떤 느낌이 드는가? 마음의 평온함이 느껴지는가? 아니면 활기찬 에너지를 느끼는가? 나는 일을 하다가도 틈틈이 나의 '반려식물'들을 다듬거나 물을 주고, 때로는 그저 가만히 바라보기도 한다. 식물은 치유 효과가 있으며 식물과의 상호작용이 행복감을 증진시킨다는 사실이 이미 많은 과학적 연구를 통해 입증되었다. 사람들이 병실에 꽃이나 식물을 두는 것도 바로 이런 이유 때문일 것이다.

무엇보다도, 식물을 직접 심고 키우는 과정은 본질적으로 새로운 생명체와 깊고 친밀한 관계를 구축하는 과정이다. 사람들은 식물이 있는 환경에서 더 행복하고 낙관적인 감정을 느끼곤 하는데, 그 이유는 녹색 자체에 에너지와 활력, 그리고 탄생을 떠올리게 하는 긍정적인 힘이 있기 때문이다.

식물을 돌보는 데는 어느 정도의 육체적 노동이 필요하다. 잡초 뽑기, 물주기, 비료 주기, 가지치기 등과 같은 육체적 활동을 하는 동안 우리 뇌에서는 세로토닌이나 도파민과 같이 기분을 좋게 만드는 화학 물질이 분비된다. 또한 씨앗이 돋아나는 과정을 관찰하려면 상당한 시간과 인내심이 필요하기 때문에, 이는 집중력을 높이고 '기다림'이라는 시간의 법칙을 배우는 데 큰 도움이 된다.

새싹이 흙을 뚫고 얼굴을 드러내면 본격적으로 식물의 성장 과정을 관찰할 수 있다. 이를 위해서는 세심한 관찰력, 식물의 특성에 대한 이해, 적절한 햇빛과 수분 공급, 그리고 기다림이 필요하다. 초보자들이 식물 관리에 실패하는 가장 흔한 이유 중 하나는 너무 급하게 싹을 뽑아서 확인하거나, 희망이 없다고 판단하고 쉽게 폐기해 버리기 때문이다.

식물들은 저마다 각기 다른 생명주기를 갖고 있다. 예를 들어, 월계화의 휴면기는 12월 겨울부터 시작되며, 이는 다음 연도의 성장에 중요한 영향을 미친다. 이 시기에는 적절한 가지치기를 하고 화분의 크기, 비료의 양 등의 생육 환경을 꼼꼼하게 검토하는 것이 중요하다. 봄이 되어 월계화가 서서히 깨어나기 시작하면 꽃이 보다 건강하게 자랄 수 있도록 일상 관리와 병충해 관리에 신경 써야 한다. 그리고 초여름 개화시기에는 영양분이 식물 전체에 균형적으로 공급될 수 있도록 지지대를 대거나 가지치기, 꽃대 자르기 등의 작업이 필요하다. 한 계절의 꽃을 피우기 위해, 장장 사계절의 수고와 노력이 수반되는 것이다.

생태 심리학에서는 자연을 보며 경험하는 슬픔과 작별을 통해 인간 세계의 슬픔과 작별을 이해하라고 말한다. 꽃이 피었다가 지며 잎이 무성해졌다가 시드는 자연의 변화는 우리네 삶과 참으로 닮았다. 이러한 삶의 본질을 받아들여 꽃이 피면 감사히 여기고, 꽃이 지면 부단히 힘을 축적하자. 어린아이였던 우리가 어른이 된 것처럼, 적절한 호기심과 이해, 보살핌, 인내심을 갖고 새싹이 피어나고 줄기가 무럭무럭 자라 잎이 무성해질 때까지 모든 변화를 묵묵히 지켜봐 주자.

여러분도 곧 알게 될 것이다. 우울한 모습이든 활기찬 모습이든, 그 모든 것은 자기 자신의 일부라는 것을. 우리는 자기 자신을 양육하는 사람으로서 '온전한 나'라는 존재에 깊은 사랑과 관심을 기울여야 한다. 이를 위해 〈나만의 식물 관찰 일지〉를 시작해 보는 건 어떨까? 일지를 기록하면서 자신의 감정이나 느낌, 생각을 유심히 살펴보자. 그리고 일정 시간이 지난 후, 그 감정이나 생각들이 어떻게 변화했는지 검토해 보자.

이 활동을 마무리하면서 여러분께 이런 말을 전하고 싶다.

식물 관찰 일지

기록	계절	관찰	행동	고찰
식물 이름				이 식물을 선택한 이유는 무엇인가? 이 식물은 나와 어떤 연관성이 있는가?
심은 시기				언제 심었는가?
취득 방법				이 식물을 어떻게 구했는가?
1주차				기다림의 기분이 어떠한가? 생각나는 것이 있는가?
2주차				식물을 관찰할 때, 자신도 모르게 식물에 물을 주며 보살피고 있지는 않은가? 식물의 특성을 파악했는가? 그 식물의 상태는 책에서 본 내용과 어떻게 다른가?
3주차				……
4주차				……
……				……

　이렇게 식물을 통해 고찰하는 연습은 쉽지 않은 과정이지만, 이는 어떤 평가 기준이나 과제가 아니기에 전혀 부담 가질 필요는 없다. 활동 과정 중에 어렵다고 느끼거나 짜증 나고 끝까지 못 해낼 것 같은 생각이 드는 것은 지극히 정상적인 반응이다. 식물이 자라기 위해서는 햇빛과 물이 필요하듯, 자신의 내면 깊은 곳과의 연결을 위해서는 적절한 '시간'과 '지원'이 필요한 법이기 때문이다.

깊게 고찰하는 과정에서 억울함, 분노, 원한 등 그동안 알아차리지 못했던 내면의 감정들을 발견하게 될 것이다. 이는 자신에게 더 많은 지원과 위로, 이해가 필요하다는 신호일 수 있다. 이러한 신호에 귀를 기울이고 적절한 타이밍을 찾아 지원 시스템(친구, 가족, 파트너, 심리 상담사 등)에 도움을 요청해 보자. 이것이야말로 이 고찰 활동의 가치를 최대한 구현시키는 방법이라 할 수 있다.

우리가 겉으로 어떤 모습을 보이든 이 모든 것은 내면의 자신을 어떻게 바라보고 대우하며 사랑하는지와 직결된다는 것을 기억하자.

나만의 연위갑을
만들어 입어라

이 책의 타임라인을 돌이켜보면, 2022년 1월을 기점으로 기획 편집자와 주제를 논의하고, 2022년 6월에 주제가 승인된 후, 공식 출판에까지 이르렀다. 이 일련의 과정을 겪으며 나는 이 책에서 탐구하고자 했던 모든 주제를 몸소 경험할 수 있었다.

'더 나은 나'가 되려면 타고난 본성과 어우러지는 법을 배워야 하며, 내면에 있는 아이의 순수함, 열정, 자유, 모험심을 사랑해야 한다. 그리고 이러한 역량을 계획적이고 지속적이며 유연하게 다뤄야만 자신의 꿈을 창조하고 실현할 수 있다.

먼저 기획 편집자인 황원쟈오黃文嬌 선생님께 진심 어린 감사의 말을 전하고 싶다. 집필 과정에서 그분과의 진솔하고도 심도 있는 토론을 통해, 한 사람이 누군가에게 받아들여질 때야 비로소 '더 나은 나'를 추구할 수 있는 충분한 에너지를 얻게 된다는 것을 깨달았다.

또한 나의 좋은 벗인 옌이쟈 선생님께도 감사를 드린다. 선생님의 격려와 추천이 있었기에 이 책을 출판할 수 있었다고 생각한다. 그리고 집필 과정에서 나에게 아낌없는 지지와 응원을 해 준 사랑하는 나의 가족과 친구들에게도 고맙다고 말하고 싶다.

마지막으로, 나의 소중한 내담자 여러분께 깊은 감사를 드린다. 여러분의 큰 신뢰가 있었기에, 나는 내담자 여러분이 자존감 재건이라는 험난하고도 짜릿한 여정에서 보여 준 용기와 결단력, 헌신을 목격하는 특권을 누릴 수 있었다. 이는 나에게 심리상담사라는 직업에 대한 존경과 삶에 대한 감사함을 다시금 일깨워줬다.

자존감은 마치 중국의 무협소설 《사조영웅전射鵰英雄傳》에서 황용의 아버지가 그녀에게 주었던 연위갑軟蝟甲(가벼운 갑옷이지만 튼튼해서 창칼을 막아낼 수 있고, 특히 가시 같은 것이 박혀있어 이것을 입고 있는 사람을 때리면 오히려 상처를 입는다 –역주)과 같이 항상 내면의 안전을 지키며 용기를 불러일으킨다. 설사 '연위갑'을 물려준 부모가 없더라도, 친구나 동료의 도움을 받아 나만의 '연위갑'을 만들 수 있다. 이는 '더 나은 나'가 되는 여정에서 항상 당신을 지켜주고 인도해 줄 것이다.

이 책이 당신의 '연위갑'이 되길 바라며 글을 마친다.